福建文物里的『福』文化

上编

可移动文物里的福

FU IN MOVABLE CULTURAL RELICS

福建省文物局 出品

傅柒生 主编

海峡出版发行集团 THE STRAITS PUBLISHING & DISTRIBUTING GROUP | 福建人民出版社 FUJIAN PEOPLE'S PUBLISHING HOUSE

《福建文物里的“福”文化》编辑委员会

序

“福”以开篇！

福来福往，人见人爱，文华文话，物言物语。

福建福现，现在文化中，建在文物上。“福”蕴福建文化间，“福”藏福建文物里；福建文化蕴含“福”，福建文物藏有“福”。

福建省文物局组织全省文博单位和专业人员精心编著了《福建文物里的“福”文化》一书，设《可移动文物里的福》和《不可移动文物里的福》上下两册，几经努力，几番修改，最终成稿。

《可移动文物里的福》分册列有四章：

第一章，岁月寻福，呈现旧石器时代至当代的时光年轮；

第二章，民俗送福，呈现福建人民丰富多元的民间信俗；

第三章，工匠造福，呈现福建手工艺人坚守的匠心独运；

第四章，生活享福，呈现有福之人日常而多彩的衣食住行。

《不可移动文物里的福》分册亦分四章：

第一章，厝饰崇福，体现建筑雕饰上的“福”文化元素所承载的吉祥寓意；

第二章，信仰祈福，体现精神力量铸就护佑幸福安康的执着信仰；

第三章，筑业谋福，体现福建人民对幸福定义的持续拓展与锚定追求；

第四章，勒石惜福，体现碑铭题刻中所承载的烙印分明的有福记忆。

诚哉！福当共建，福以共享，福可共现，于斯文中，于福建文物里。乐见《福建文物里的“福”文化》一书编辑完成，即将付梓，可喜可贺。

“福”以回味！是以为序。

傅柒生

（福建省文化和旅游厅副厅长、福建省文物局局长、中国博物馆协会副理事长、研究馆员）

目录

寻 Xún 福 Fú

可移动文物里的福

盘状刮削器

年　　代：旧石器时代晚期

级　　别：二级文物

出土时间：1999 年

出土位置：三明市三元区岩前镇岩前村万寿岩国家考古遗址公园船帆洞

藏　　馆：三明市万寿岩遗址博物馆

万寿岩旧石器遗址先后出土了近千件打制石器，以刮削器为大宗，砍砸器次之，伴有尖状器、石锤、手镐等，其中最吸引人的，莫过这件酷似龟背、极富神秘色彩的盘状刮削器。该器物出土于船帆洞西北角第六探方，紧贴着史前石铺地面。这件包浆浑厚、满器物加工的盘状刮削器，极有可能是部族首领绝对拥有、随身携带、经久摩挲的器物，甚至是权力和地位的象征。在古代，龟寓意长寿和吉祥，曾一度作为图腾崇拜的载体。特别是夏商周时期所独尊的龟卜文化，甚至演化成君主统治人民的有效手段。万寿岩遗址出土的这件龟背盘状刮削器形神兼备、神秘莫测，在那蛮荒岁月，是否也是权力的象征？

（万寿岩遗址博物馆 / 文图）

盘状刮削器反面

石质磨制鱼形配饰

年　　代：新石器时代中期
出土时间：2010 年
出土位置：龙岩市漳平市象湖镇灶头村奇和洞遗址
藏　　馆：龙岩市博物馆

奇和洞遗址出土的这件石质磨制鱼形配饰属于新石器时代中期遗物，已有超过 7 000 年历史。配饰由石块磨制为鱼形，呈五边形，通体匀称协调，线条刻画有力，展现出古人类极强的磨制石器能力和较高的审美水平。在中国，“鱼”同“余”谐音，寓意年年有余，代表着人们对美好、富足和丰盈生活的向往和追求。鱼是古人类重要的食物之一，也是中国传统文化非常重要的象征：一是象征自由；二是象征爱情，这件配饰形制精美，既可作装饰之物，很可能也是求爱之礼；三是象征吉祥富贵；四是象征生命，对于古人类来说，鱼不仅是口粮，更因多子、易繁殖，象征人类向往多子多孙、延绵不绝。

（曾庆河 / 文图）

◆ 石质磨制鱼形配饰侧面

新石器时代陶塔式壶

年　　代：新石器时代
级　　别：三级文物
出土时间：1996 年
出土位置：福州市闽侯县甘蔗街道昙石村昙石山遗址
藏　　馆：福建博物院

古人认为人死后同样能从事和享受生前所有的一切，生者为了祈求获得逝者的庇佑和赐福，极度重视随葬器物的挑选和制作。除了日常实用器物外，古人还会选用一些进行过创意加工、突出美感、别有蕴意的明器。这些随葬器物构成中国人对于另一个世界的奇异想象。学者们认为，这件塔式壶可能是早期的原始“魂瓶”，是原始宗教信仰中灵魂不灭思想的产物。从昙石山的塔式壶开始，历代随葬器物不断发展变化，但古人以之祈求福佑的想法却从未改变。

（龚张念/文 福建博物院/图）

◆ 陶塔式壶背面图

西周青铜双耳杯

年　　代：西周
级　　别：一般文物
出土时间：2006 年
出土位置：南平市浦城县仙阳镇管九村西周土墩墓群
藏　　馆：福建博物院

青铜双耳杯作为古代的酒器，其独特造型与精美纹饰一定程度上折射出了所属时代的审美形态与美学意识。本件青铜双耳杯杯身两面装饰的兽面纹稍有差异，两侧的杯耳高于杯口，刻有镂空的夸张云纹，像两只伸展的翅膀，充满神秘的美感。鸟的形象在中国传统文化中占有重要地位，其被视为吉祥的象征，代表着幸福、和平和美好的未来。这件青铜双耳杯不仅展现了鸟儿的飞翔之美，也体现了中国古代造型艺术的魅力，让跨越时代的情感与想象代代流传。

（戴石 / 文　福建博物院 / 图）

青铜双耳杯杯身纹饰

西周青铜铙

年　　代：西周
级　　别：一级文物
出土时间：1978 年
出土位置：南平市建瓯市小桥镇阳泽村黄科山
藏　　馆：福建博物院

这尊西周青铜铙重 100.35 千克，是目前国内考古发现的同类器物中较大型厚重的一件，钟体纹饰以云雷纹为主。有专家认为，云雷纹来自先民的蛇崇拜。崇拜蛇的先民中，闽人是最有名的一支，《说文解字》中说，“闽，东南越，蛇种”。闽人生活在多蛇的闽江流域和东南丘陵，很长一段时间里保留着崇蛇风俗。福建许多地方都建有蛇王宫和蛇王庙，民众祭祀蛇神以祈求安宁。西周青铜铙表面的云雷纹缘何而来虽尚无定论，但不管先民将云雷纹视为何物，体现的都是他们希望借图腾获得安定幸福生活的朴素信仰。

（于翔 / 文　福建博物院 / 图）

青铜铙表面的云雷纹

西汉闽越国瓦当文物组

文　　物：西汉闽越国“万岁”瓦当

年　　代：西汉

级　　别：二级文物

出土时间：1984 年

出土位置：南平市武夷山市兴田镇城村汉城遗址

藏　　馆：福建闽越王城博物馆

瓦当是建筑檐头筒瓦前端的片状瓦头，有遮风挡雨、保护木质檐头、延长建筑物寿命的作用，质地一般为陶。这组文物是闽越国遗址出土瓦当中的精品。

“万岁”祈求的是千秋万世、长生不老，表达了古人对长寿永生、福祉延绵的祈愿。因为“万岁”与皇权的特殊关联，载有这二字的文物通常只出土于较高规格的建筑遗址。城村汉城遗址出土的这件西汉闽越国“万岁”瓦当，铭文篆书字体苍劲秀丽，结构对称，云纹及箭镞形、树纹构图极具特色，当中带有圆突。瓦当上的祥云和“万岁”文字，体现了人们对福寿绵长、平安康宁的向往和追求。

◆ “万岁”瓦当侧面

文　　物：西汉闽越国“乐未央”瓦当
年　　代：西汉
级　　别：三级文物
出土时间：1985 年
出土位置：南平市武夷山市兴田镇城村汉城遗址
藏　　馆：福建闽越王城博物馆

“未央”是没有尽头的意思。“乐未央”的含义是快乐无边、无止境，表达了人们对美好生活的向往和追求。这件出土于城村汉城遗址的西汉闽越国“乐未央”瓦当，铭文篆书字体优美秀丽，布局合理，字形结构对称。“乐未央”体现出时人对现世欢乐永恒不灭的美好祈愿，这种精神追求往往以对神仙的构想为载体，成为汉代代表性的社会思想风潮。

◆“乐未央”瓦当侧面

文　　物：西汉闽越国“常乐万岁”瓦当
年　　代：西汉
级　　别：三级文物
出土时间：1983 年
出土位置：南平市武夷山市兴田镇城村汉城遗址
藏　　馆：福建闽越王城博物馆

“常乐”即“长乐”，字面意思指长久的快乐，也是汉代长安宫殿名的简称，寓意长乐无忧、天下太平。这件城村汉城遗址出土的西汉闽越国“常乐万岁”瓦当，铭文篆书字体苍劲秀丽，字形结构对称，构图严密紧实。瓦当上的“常乐万岁”吉祥文字体现了人们对于吉祥、富贵、快乐的美好祈愿和对福寿绵长、平安康宁的向往与追求。

（龚张念 / 文　福建博物院 / 图）

◆ “常乐万岁”瓦当侧面

西晋青釉覆莲瓣纹双系瓷鸡首壶

年　　代：西晋
级　　别：三级文物
出土时间：1997 年
出土位置：福州市仓山区盖山镇福泉高速公路秀宅段铁头山
藏　　馆：福州市博物馆

鸡首壶壶口

鸡首壶壶底

鸡作为日常生活中最常见的家禽之一，很早就与人们的经济生活联系在一起。汉代《韩诗外传》中将鸡称为具有文、武、勇、仁、信五德的“德禽”。本件鸡首壶是西晋至唐初最流行的一种瓷壶，因壶嘴作鸡首状而得名。鸡首壶本身极具时代特征，其流行时正是社会大动荡时期，由于连年战乱，大批中原居民和士族地主纷纷南下，也把一些工艺技术带到南方。因“鸡”与“吉”谐音，有吉祥、诚信之义，成为日用器具的常见题材，反映出在那个战乱频繁的年代里，人们对吉祥安宁生活的祈望。

（陈萍 / 文　谢在华 / 图）

南朝青釉灶

年　　代：南朝
级　　别：一级文物
出土时间：1957 年
出土位置：南平市建瓯市小松镇穆墩村南朝墓
藏　　馆：福建博物院

“民以食为天”，在人们的日常生活中，吃是一件十分重要和愉悦的事情，而这离不开烹煮食物的器具——灶。这件在建瓯出土的南朝青釉灶，就是按照当时现实生活塑造的随葬品。青釉灶整体造型生动细腻，充满生活气息。灶口有挡火墙，旁边有一个女仆陶俑，还放着一个罐子，灶面上放着锅和小罐，灶边站着另一个女仆陶俑，双手做出端锅的姿势。生动的人物造型如同时代的留影，定格了历史的瞬间。这件青釉灶仿佛让我们看到1 500多年前的古人在袅袅炊烟中获得的平凡幸福感：柴米油盐的烟火气息、色香味俱全的美味佳肴、共享美食的其乐融融……

（刘阳/文　福建博物院/图）

青釉灶的造型像只小船

五代孔雀蓝釉陶瓶

年　　代：五代
级　　别：一级文物
出土时间：1965 年
出土位置：福州市晋安区新店镇战坂村闽国刘华墓
藏　　馆：福建博物院

五代时期，闽王王审知及其继任者积极发展海上贸易，从东南亚、西亚等地输入大量商品，这件孔雀蓝釉陶瓶很可能就是当时的海外舶来品之一。王审知次子王延钧的妻子刘华的墓中出土了三件孔雀蓝釉陶瓶，这是其中一件。孔雀蓝釉陶瓶的造型、釉色、纹饰等与伊朗等地出土的 9 世纪至 10 世纪伊斯兰式陶瓶有很高的相似度。据此推测，这件陶瓶应该来自古代波斯地区。专家们推断其在墓室内是作为盛油的“长明灯”，寄托了让逝者得到安宁和永生的美好愿望。流光溢彩的孔雀蓝釉陶瓶印证了向海而生的福建在海上丝绸之路上的重要地位，见证了中国与西亚地区的友好往来，体现了丝绸之路的繁荣和所创造的美好与幸福。

（刘阳 / 文　福建博物院 / 图）

◆ 孔雀蓝釉陶瓶的形状像橄榄，表面施有散发着犹如大海一样美丽光泽的孔雀蓝釉

宋青釉谷仓

年　　代：宋
级　　别：一级文物
出土时间：1978 年
出土位置：南平市顺昌县埔上镇谢坑村九龙山宋墓
藏　　馆：福建博物院

早在上古时期，每逢丰收时节，人们便将五谷杂粮盛放在礼器里，祭拜天地、祖先和神灵。而在人死后，又在墓葬中放置谷仓罐这类明器，希望墓主人能够延续生前的日常生活，庇佑子孙后代，保佑家族兴旺。这些行为承载着古人对幸福生活的祈求与祝愿。这件青釉谷仓就是一件瓷质明器，也是古代储粮建筑的一个缩影。器物整体堆塑精美，由罐体和罐盖两个部分组成，掀开后，可在罐内放置少量谷物作陪葬之用。罐身刻划的谷仓门装饰、花卉纹，堆塑以及盖顶上的葫芦形纽，生动再现了先民们丰收时的喜悦与热闹景象，墓主人及其家族对五谷丰登的热切向往也跃然其上。

（金语桐/文　福建博物院/图）

◆ 在“民以食为天”的传统观念影响下，充裕的粮食储存无疑是稳固民心的利器，中国先民烧制谷仓罐明器，满载着人们对丰收和幸福的憧憬

元青釉象首衔环双耳福寿纹扁瓷瓶

年　　代：元代
级　　别：三级文物
藏　　馆：三明市博物馆

这件元青釉象首衔环双耳福寿纹扁瓷瓶是典型的龙泉窑系产品，由模印而成，印有蕉叶纹、缠枝花卉纹及“福”“寿”文字等纹饰，颈部两侧堆贴象首衔环双耳。象首衔环耳是仿青铜器造型，为民间寻常使用纹饰。瓷瓶的功能由最初的盛水容器，到元代发展出更加广泛的功能，如做插瓶、赏玩等。

（李昭梅 / 文　陈旭 / 图）

◆ 人们刻上“福”“寿”等字，将对美好未来的祝福直白地体现在日常器物上

明龙泉窑青釉福寿双耳扁瓷瓶

年　　代：明
级　　别：三级文物
藏　　馆：龙岩市博物馆

◆ 瓷瓶瓶口细节

瓷瓶采用长方形敞口，长颈，扁腹，圈足。颈部有对称莲瓣纹刻花，象征圣洁、吉祥和富贵，双耳衔环；腹部一面阳刻花型开窗“福”字纹，另一面阳刻花型开窗“寿”字纹，寓意聚福气、享长寿。通体施青釉，釉层厚润。器物造型古朴，胎体敦实。

龙泉窑始烧于北宋前期，南宋极盛，明中后期渐衰。2006年，龙泉青瓷烧制技艺被列入《第一批国家级非物质文化遗产名录》；2009年，联合国教科文组织正式将龙泉青瓷传统烧制技艺列入《人类非物质文化遗产代表作名录》。

陶瓷器物是中国传统文化的重要载体，它们的器型、纹饰蕴含着丰富的“福”文化因子。“福”字和“寿”字作为装饰的主体，代表了人们对福如东海、寿比南山的美好期待，同时直接反映了人们对幸福生活的向往和追求。

（龙岩市博物馆 / 文图）

明嘉靖『南阳世泽』双耳三足铜鼎式炉

年　　代：明

级　　别：二级文物

藏　　馆：福州市长乐区博物馆

明嘉靖“南阳世泽”双耳三足铜鼎式炉原陈列于南阳陈氏祠堂，仿商周青铜器，保存完整，造型精美。从炉身铭文及使用场地看，应为陈氏家族焚香祈福纳瑞的大型礼器。以香炉作为焚香祭祀的礼器，既能缅怀先祖又可祈求先祖护佑家族后世永享福祚，是见证古代凝聚亲情血脉的祠堂文化与宗教祈福信仰的文物实物。该器物很好地展现了当时的装饰技艺以及人文意向，其延续商周青铜鼎的造型风格，铸纹细密生动，整体装饰及铸造工艺均属一流水平。铭文“南阳世泽”说明陈氏后人虽已迁徙数百年，却还心系“南阳”，以“南阳”人自居。中国人世代“不忘根，不忘本”的传统宗族思想在此可见。

（林婧 / 文　长乐区博物馆 / 图）

◆ 香炉腹部布满传统吉祥纹饰——交龙纹、锦地纹与海浪纹

民国银箔彩绘『一生有福』挂屏

年　　代：民国
级　　别：三级文物
藏　　馆：尤溪县博物馆

◆ 画面中的“蝠”与“福”字谐音，在古代成为吉祥、幸福的象征

1929年9月，福建军阀卢兴邦按旧俗做寿，各界赠送的礼品琳琅满目，此面银箔彩绘“一生有福”挂屏就在其中。寿屏由硬木镜框、杉木底、玻璃镜面、银板雕蚀彩绘的镜芯等构成。镜芯右上阳文题“弌生有福”。银板雕蚀彩绘济公，其头戴破僧帽，身穿一袭五彩补丁破袈裟，脚蹬僧鞋，右手飞舞破蒲扇，正在扑打血色蝙蝠，人物形象生动诙谐，蝙蝠展翅有力。

（尤溪县博物馆 / 文图）

民国浮雕双凤福纹木梳妆盒

年　　代：民国
级　　别：一般文物
藏　　馆：长汀县博物馆

梳妆台（盒），古时称“妆奁”，是古代妇女专用的梳妆盒或镜台，对于女性具有特殊意义与重要性。在客家婚嫁习俗中，父母会为出嫁女子置办带有“蝠（福）在眼前”“龙凤呈祥”“并蒂莲花”等吉祥纹饰的梳妆台（盒），在里面放上花枝、胭脂水粉、梳子、镜子、红丝带等物品，表达父母的惜女之情与祝福之意。此浮雕双凤福纹木梳妆盒古朴精致，雕刻精美，图案局部有凹凸立体效果。小小的梳妆盒见证了客家妇女的爱情、亲情，也见证了她们的幸福时光。

（陈丽珠 / 文图）

◆ 梳妆盒以一对凤凰为主题雕刻，四只蝙蝠点缀，周围花朵簇拥，寓意富贵花开、凤舞福来、福在眼前

清光绪元年丁日昌题『福寿荣华』木匾

年　　代：清

级　　别：一般文物

藏　　馆：龙岩市博物馆

传统匾额作为承载吉祥寄语、传播“福”文化的媒介，具有独一无二的文化魅力。此匾红底描金，四角饰蝠纹，中间阳刻行书“福寿荣华”。题匾者丁日昌（1823—1882），是洋务运动的风云人物和中国近代四大藏书家之一。本匾接受者为增贡生邱修清。“福寿荣华”：福，幸福、福运、福气；寿，寿命，亦指年岁长久；荣华，荣华富贵。匾文意在祝福受匾人福气大、寿命长，享有荣华富贵。

（吴丽华 / 文　曾庆河 / 图）

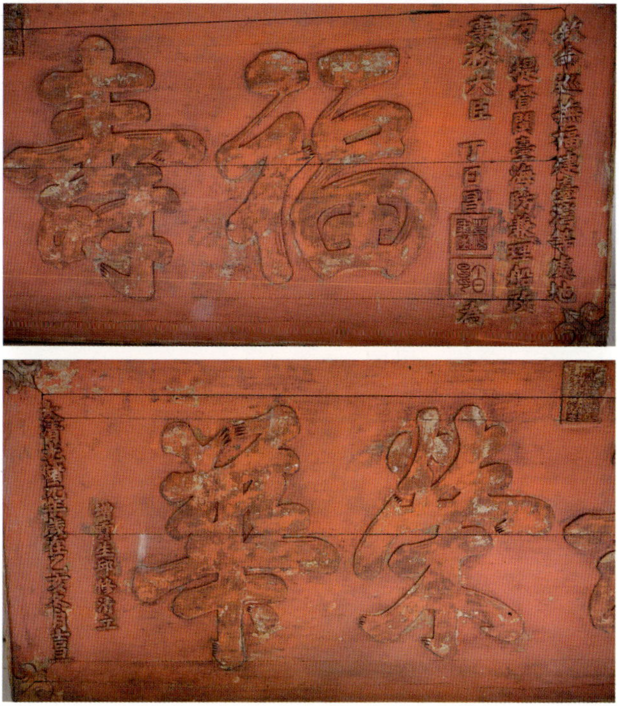

◆ 木匾左侧阳刻楷书“钦命巡抚福建台湾等处地方提督闽台海防兼理船政事务大臣 丁日昌为”，右侧阳刻楷书“增贡生邱修清立”“大清光绪元年岁在乙亥冬月吉旦”

民国『福』字木粿印模

年　　代：民国
藏　　馆：客家族谱博物馆

◆ 这件民国“福”字木粿印模由三块木板雕刻组装而成，底层雕刻传统吉祥纹，中层为圆形米粿模，边为梅花状，面层除有吉祥纹外，中间还阴刻一行书“福”字

客家人有做米粿（俗称“粄”）的习俗，几乎每家每户都有一个做粄的木质印模，大多是用质地坚硬的桃木、楠木或樟木刻制而成，客家人称之为“粄印”。“粄印”里雕刻着精致好看的龟甲花纹或寓意吉祥的“福”“囍”等字。客家人的粄印大多是圆形的，这与做出来的粄多用于喜庆场合或祭祖拜神，以求圆满、美好之意有关。

（邱盛良 / 文　客家族谱博物馆 / 图）

送 Sòng 福 Fú

可移动文物里的福

五代铜塔

年　　代：五代
级　　别：三级文物
出土时间：1953 年
出土位置：福州市闽侯县荆溪镇龙台山遗址
藏　　馆：福建博物院

塔是佛教建筑的重要组成部分，是佛教徒最初礼拜的对象之一，自古以来就有稳定、安宁、繁荣和不朽的象征意义。这件五代铜塔为宝箧印经式塔，也称“阿育王塔”或“金涂塔”，因仿照古印度孔雀王朝阿育王所造塔的样式而得名。它由基座、塔身、塔檐与塔刹四部分组成，用以埋藏佛陀、菩萨、辟支佛、罗汉等佛教圣者的舍利、经书等。千百年来，随着佛教信仰在各地的发展，造塔求福、拜塔祈福成了老百姓渴慕幸福生活的表达方式，而五代铜塔这一类小型塔则具象化了这种对幸福的追求，逐渐演变为一种特殊的文化符号，承载着人们对和谐、幸福生活的向往和祈愿。

（杨景斌 / 文　福建博物院 / 图）

◆ 须弥座式塔座，四面各有五人做盘腿坐状撑起座顶；塔身中心为拱形门，门外浮雕花纹，门内浮雕佛变故事人物；塔顶四角呈仰莲瓣形，叶瓣中刻有人物图案；塔刹为圆柱七级相轮，塔顶饰宝珠一颗

◆ 铜塔内壁阴刻铭文“吴越国王钱弘俶敬造佛像八万四千躯”等，表明造塔之人为吴越国王钱俶，其仿效印度阿育王铸造八万四千宝塔，供藏于吴越国各地，可窥见五代为古代中国造塔之兴盛时期

元龙泉窑真武坐像

年　　代：元
级　　别：一级文物
藏　　馆：福建博物院

◆ 真武坐像侧面和背面

真武大帝也称玄天上帝、玄武大帝，是古代神话传说中掌管北方的神灵，宋代时因为避皇帝的名讳，改“玄”为“真”，称真武大帝。这尊真武坐像是龙泉窑的产品，在真武大帝信仰广泛传播的年代，龙泉窑生产真武大帝陈设瓷，以迎合市场的需要。自古以来，人们都认为真武大帝是消除灾祸、保佑安宁、救济众生的神仙，祭拜他可以增福增寿，实现自己对福祉的祈望。人们用木雕、瓷塑等艺术形式塑造真武大帝的形象，予以供奉。龙泉窑紧贴老百姓对幸福生活的向往，用朴素的材料制作出光耀千年的艺术珍品，以承载人们对“福”的期待，并流传后世。

（杨景斌 / 文　福建博物院 / 图）

明德化窑白釉『何朝宗』款观音立像

年　　代：明
级　　别：一级文物
藏　　馆：福建省泉州海外交通史博物馆

观音，又称观世音，是大乘佛教菩萨信仰的典型崇奉对象，是佛教“慈悲救世，普度众生”的代表，是中国宗教信仰中最受欢迎的神祇之一。观音信仰自魏晋时期传入，不断融合中国独特的民族文化。传说观音能根据不同场合幻化出不同形象，解灾救难，因此民间供奉者众多。

德化窑以白釉瓷塑作品著称于世，尤其是与宗教信仰有关的神祇塑像最为出色。该观音立像是明代德化雕塑大师何朝宗的佳作。但见它衣褶线条飘逸生动，面目清秀，背上有方形篆书“何朝宗印”。何朝宗将瓷塑观音的造型推向极致，臻于完美，成为几百年来瓷塑艺术无法超越的巅峰，其所塑渡海观音，更是德化瓷塑艺术的典范。

（林仪 / 文　成冬冬 / 图）

◆ 何朝宗的作品不仅注重人物造型的完美，更注意人物性格的刻画，把菩萨同民间完美的人物形象融合，塑造出情态各异、惟妙惟肖的人间仙佛

明漳州窑『嘉靖丙辰』款如来立像

年　　代：明
级　　别：一级文物
藏　　馆：福建博物院

◆ 该尊如来造像头饰螺髻，正面缀一圆珠，细目长耳，面容端庄丰满，双眸微闭，嘴角略含笑意，神态慈祥静穆，肩披帐，袒胸饰“卍”字纹，身着袈裟，合手于胸前，掌上挂一串念珠

漳州窑是明清时期福建著名的外销窑系，其生产的外销瓷器是海上丝绸之路重要的输出产品之一，品种包括青花瓷、素三彩瓷和五彩瓷等。漳州窑瓷器成就较高的当属人物造像，这件如来立像就是其中的精品。不同于德化白瓷的洁白剔透，漳州窑的釉色白中泛黄，佛像显得古朴丰满。佛像表面细细的冰裂纹开片纹路纵横交错，装饰妙趣天成，体现出别样的情趣。漳州窑生产的瓷器经由海上丝绸之路远销世界各国，福建人民追求幸福生活的美好祈愿也随之传向世界。时至今日，漳州窑的各类佛教造像和供养器仍长盛不衰，人们对家人平安、生活顺遂的祈愿也世代相传。

（于翔 / 文　福建博物院 / 图）

明『王弼』款泥塑关羽造像文物组

文　　物：明“王弼”款泥塑关羽立像
年　　代：明
级　　别：一级文物
藏　　馆：福建省泉州海外交通史博物馆

宋末元初，得益于佛道两教的共同推崇和民间三国戏剧、话本的流行，关羽的忠义形象受到广泛的喜爱，也逐渐得到官方的认可和尊崇。到了明代，关羽忠勇的形象不仅受到儒、释、道三教的共同推崇，也得到统治阶级的肯定和大众的广泛崇拜。从宋代皇帝为关羽赐庙额、封王，到明代皇帝封关羽为帝，关羽在中国传统宗教中逐渐攀升到显赫的天神地位。

◆ 此尊关羽造像为泥质，呈站立状，通体上酱黑漆，面目慈祥，双目有神，须髯与腮髯垂至胸前，身着交领长袍，双手合拱于右胸前，衣褶飘逸自然，线条流畅

文　　物：明“王弼”款泥塑关羽坐像
年　　代：明
级　　别：一级文物
藏　　馆：福建省泉州海外交通史博物馆

◆ 此尊关羽造像为泥质，呈坐式，通体上黑漆，人物端坐于椅上，面庞丰润，配有长须，身着长袍，双手合拱于胸前长髯下，身上衣褶线条流畅自然

民间百姓相信关帝具有司命禄、佑科举、治病除灾、驱邪避恶、巡视冥司、招财进宝等职能，因此各行各业都信仰和供奉他，其忠义形象更是深入人心。希望得到关帝爷庇佑的人很多，他们的愿望当然也有不少，但大抵可以分为这几类：姻缘、生意、健康、升迁、学业等。

（林仪 / 文　成冬冬 / 图）

明德化窑妈祖坐像

年　　代：明
级　　别：一级文物
藏　　馆：福建博物院

此尊妈祖坐像胎质洁白，釉色莹润，是德化窑已知年代较早的明代白瓷妈祖坐像。出生于宋代的“海神娘娘”妈祖原名林默，是传说中掌管海上航运的女神。中国沿海特别是福建各地凡是船只聚泊的港口附近几乎都建有供奉她的妈祖庙。千百年来，船民们下海远航前都要到妈祖神像前摆上祭品、焚香礼拜、祈求平安，渐成一种惯例。妈祖信仰成为福建“福”文化的重要标签，体现了人们对风调雨顺、国泰民安的朴素追求，反映了中华民族生生不息、劈波斩浪、济世救人、和平仁爱的民族精神。随着海上丝绸之路的发展和华侨向海外迁移，妈祖信仰在东南亚、日本、美洲、欧洲等地广泛传播。

（司倩茹 / 文　福建博物院 / 图）

◆ 妈祖是慈悲善良的典范，是中华民族传统美德的化身；妈祖文化以倡导“立德、行善、大爱”精神为核心，以祈求平安、和谐、包容为文化特征，因此，妈祖信仰不仅受到国内民间和官方的共同推崇，在全球各地华侨、华人聚居的地方也有较大的影响力

清黄慎绘淡设色『福禄寿』横披

年　　代：清
级　　别：三级文物
藏　　馆：宁化县博物馆

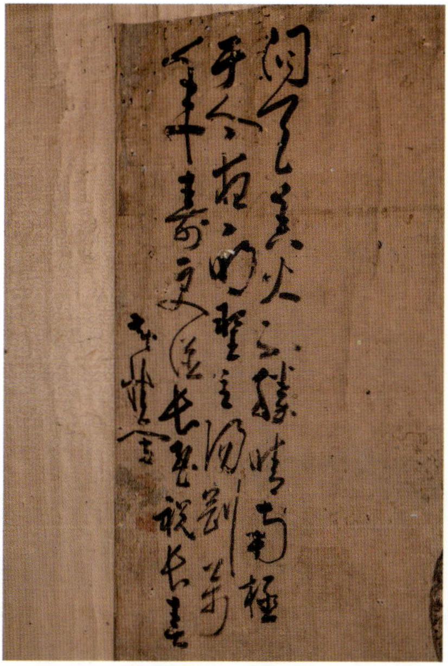

◆ 横披中的题诗与落款

◆ 横披中笑容可掬的老者

人们常把福与禄、寿组合在一起作为礼仪交往和日常生活中对他人的美好祝愿。福禄寿作为一种文化元素，被文人墨客们广泛用于各类创作中，以此来表达祝福之意。人们也常用含有福禄寿元素的书画或瓷器赠予他人，表达对亲朋的美好祝愿。清黄慎绘淡色福禄寿横批正是这样一件用于祝福他人长寿的作品。横批内包含题诗及人物画，主要元素依次为：左边有题诗和落款，一位额秃顶广、须发尽白、笑容可掬的老者坐撑于地上，老者身边爬卧一头梅花鹿，鹿角之上有一只展翅飞翔的红蝠。从题诗及画面元素来看，很明显这是一幅祝寿图，祝福他人福寿双全。

（钟舒蕾 / 文　黄鑫民 / 图）

清粉彩八仙福禄寿纹攒盘

年　　代：清
级　　别：一般文物
藏　　馆：福建省泉州海外交通史博物馆

攒盘，俗称拼盘，也称全盘，是一种盛放食物的器具，最迟见于明嘉靖年间，至清康熙年间较为流行。一组攒盘的组成，少则五个，多者达二十多个。攒盘大多由内外两层、三层组合而成圆形、四方、六方、八方或叶形、牡丹花形、梅花形、莲花形、葵花形、菱花形等多种式样。此件攒盘由内外两层共一大三小四件盘组成倒角四方形。第一层主盘上绘制传统吉祥图案福禄寿三星。左边福星手拿一个“福”字，中间禄星捧着玉如意，右边寿星托着寿桃、拄着拐杖。福禄寿三星起源于远古的星辰自然崇拜，是中国民间信仰的福星、禄星、寿星的合称，象征幸福、吉利、长寿。人们按自己的想象赋予他们非凡的神性和独特的人格魅力，饱含普通百姓对世俗生活的美好向往。

◆ 福禄寿三星融合在一起表达出的吉祥意义成为每一位中国人期盼的理想生活

第二层的三件副盘内分别绘有八仙人物形象，几位仙人各自手持法器的画面被生动地展现出来。八仙与道教许多神仙不同，均来自人间，而且都被赋予过脍炙人口的民间故事，之后才得道，与一般神仙神圣庄严的形象截然不同，所以深受民众喜爱。作为民间耳熟能详的道教神仙，八仙的本领和“八仙过海”的故事广为流传，因此八仙图也常被建筑或器物采用，以镇宅、祈福，有“吉祥如意”“逢凶化吉”的寓意。

这套攒盘将富有传统吉祥寓意的福禄寿三星与各显神通的八仙形象融为一体，造型别致，制作精巧，是一件实用性与观赏性相结合的艺术品。

（林仪／文　成冬冬／图）

◆ 副盘第一件绘有铁拐李和曹国舅

◆ 副盘第二件绘有汉钟离和蓝采和

◆ 副盘第三件绘有张果老和韩湘子

民国青田石雕『福禄寿三星』『和合二仙』立像

年　　代：民国
级　　别：三级文物
藏　　馆：中国闽台缘博物馆

青田石雕工艺讲究因材施艺、因色取巧，有相石、开坯、雕琢、封蜡、润色等工序，尤以镂雕技艺见长，且圆雕、镂雕、高浅浮雕、线刻交替使用。青田石雕题材广泛，鱼虫花鸟、山水人物皆有，均精雕细刻，神形兼备，写实尚意诸法齐备，大气之中不失精妙，工艺规范自成一格。

中国传统祈福文化认为福星能增加福运，禄星能带来事业顺遂，寿星能保佑人们健康长寿，和合二仙不仅能和合姻缘，和合团圆，也有和气生财的寓意。古代匠人在传统工艺创作中运用福禄寿三星、和合二仙形象，满足人们生活幸福、家庭和睦的美好愿望。

（张雅真、庄清海 / 文
黄善哲 / 图）

◆ 右边的福星头戴帽，身穿广袖长袍，左手抱小孩，右手托物；左边的禄星头戴双翼帽，身穿开襟袍，左手扶玉带

◆ 和合二仙之一光额戴头巾，手捧宝盒；之二光额束髻戴头巾，手拿荷苞

◆ 寿星身穿宽袖长袍，右手执杖，左手捧寿桃

粉彩瓷『福禄寿三星』人物立像

年　　代：民国

藏　　馆：福建民俗博物馆

随着“福”文化的广泛流传，福建民间传统艺术领域出现许多与福禄寿三星密切相关的艺术元素，尤以木雕、石雕、漆艺、绘画等领域展现的各种祈福题材图案最为丰富。福禄寿三星是古代民间“福”文化的“形象代表”，深受大众的崇拜和喜爱，也作为福建民间最受欢迎的福神组合走入寻常百姓家，成为人们生活理想的真实写照。

（刘锌 / 文　福建民俗博物馆 / 图）

◆ 福星，掌管人间的福运，代表平安祥和、生活美好之意；一般情况下福星会有童子伴随左右，于是“子”的观念被融入“福”中，象征有子万事足的福气

◆ 禄星身穿华贵朝服，腰间围着玉带，手捧玉如意，象征加官晋爵，常和福星、寿星一同出现

◆ 寿星又称“南极老人星”，是长寿之神；寿星给人最直观的印象就是他有一个大额头，人们认为这是长寿的象征；寿星逐渐成为高寿者的代称，既表达对高寿者的敬意，也寄托人们对健康长寿的祈愿

民国黑底描金『和合二仙』圆形三层提篮

年　　代：民国
藏　　馆：福建民俗博物馆

提篮是食盒的一种，多为竹木结构，是民间迎神祈福、婚嫁、寿庆、走亲访友等活动中盛放物品的常用器物。不同的场合，频繁的亮相，足见提篮在人们心中不是简单的器具。人们通过提篮传递心意，祈盼得到祖先的庇佑，维系人与人之间的情谊。另外，提篮在古代有提拔、提升之寓意，所以有“送提篮祝愿一步高升”的说法。本件提篮中盖面施黑漆描金“和合二仙”纹饰。“和合”二字有“和谐，包容，天下大同”之意，表现出人们对朋友和合、夫妻和合、生活和美的期盼。

（杨晨 / 文　福建民俗博物馆 / 图）

二仙中的寒山手持荷花，荷有并蒂之意，且与“和”同音；拾得手捧圆盒，象征“合”

清铜释迦牟尼坐像

年　　代：清
级　　别：三级文物
藏　　馆：宁化县博物馆

◆ 释迦牟尼坐像侧面

自佛教传入中国，佛教文化就不断与中华文化相互交融，在民间拥有众多的信众。信众们相信佛祖能对世间深受苦难的信众抱有同情并施以援手，因此人们常常将佛像供奉在寺庙、家庙内，以祈求福运和吉祥。这尊清代释迦牟尼坐像面相丰润，左手作禅定手印，右手作降魔触地印，结跏趺坐，以右手覆于右膝，指头触地，以示降伏众魔，衣褶转折自若，整体端庄稳重，静谧高雅。

（钟舒蕾 / 文　黄鑫民 / 图）

清道光龙池岩狮纽铁钟

年　　代：清
级　　别：三级文物
馆　　藏：漳州市龙海区博物馆

钟作为古代报时的工具，其钟磬之音远远超出了“晨钟暮鼓”的报时功能，有时还被赋予寓意深远的象征意义。中国自古就是农业大国，天气对农作物的生长影响极大，只有天气适宜，百姓才能有好收成。民以食为天，只有百姓生活富足、安居乐业，国家才能稳定安宁。这口古钟外壁刻有楷书阳体铭文“风调雨顺”“国泰民安”，蕴含着古代人民祈求家国平安的真挚、朴素情怀。这口古钟不仅是古代人民祈福的器具，更是龙海历史的见证：古钟外壁刻有“龙池岩”等龙海著名历史人文景点字样，同时刻有“大清道光廿七年春月制、潘仕成敬奉”，是潘仕成回馈乡梓的重要见证。

（李良庆 / 文图）

◆ 古钟外壁刻有“风调雨顺”和“国泰民安”铭文

清福寿压胜铜钱

年　　代：清
级　　别：三级文物
馆　　藏：政和县博物馆

胜钱也称压胜钱，又称押胜钱，非流通货币，材质主要有金、银、铜三类。压胜钱起源于西汉，沿至清末民初，是一国一朝在重大纪念活动和赏赐过程中，以及民间逢年过节、信俗活动、喜庆作乐时铸造的压服邪魅、求取吉祥的钱币。它的产生与古代方士的巫术有关，人们认为运用厌胜法可以制服他们想要制服的人和物。作为趋吉避凶愿望的物质依托，压胜钱被认为具有特殊的灵力，能产生使人信服的功效。人们随身携带压胜钱，作为讨吉祈利的心理寄托和对美好事物追求的依靠，用于岁时风俗、丧祭仪典、社会交际、民间信仰等方面。

（吴代花 / 文　宋德华 / 图）

◆ 压胜钱“寿”字一面

清金漆木雕人物花鸟纹拔步床

年　　代：清
级　　别：三级文物
藏　　馆：福建民俗博物馆

◆ 这三对笼枋橱的橱门板上分别雕刻了博古瓶（觚）、吉祥花卉、如意、磬、宝剑、古琴、石榴、蝙蝠、葫芦等组合纹饰，有生活幸福美满、平安吉祥、富贵长寿、福禄双全、多子多福等美好寓意

床是人们每日都要用到的私密寝具，也寄托着人们对生活的美好愿望，民间流行的种类主要有架子床、拔步床、小姐床、棕床、竹床等。这件清代的拔步床整体造型简洁大气，后侧床架上设有三对可置放物品的笼枋橱。床整体髹朱漆，雕刻戏曲人物、博古纹饰、吉祥花卉等，寓意幸福美好、富贵吉祥。这一类拔步床通常是富裕家庭专门为待嫁闺女定制，而在闽东地区更有定制整套家具为女儿陪嫁的风俗。通过繁复的雕花、吉祥的纹饰赋予婚床富贵长寿、多子多福的寓意，它既是生活的必需品，更是人们精神的寄托。

（杨晨/文　福建民俗博物馆/图）

清金漆木雕六足面盆架

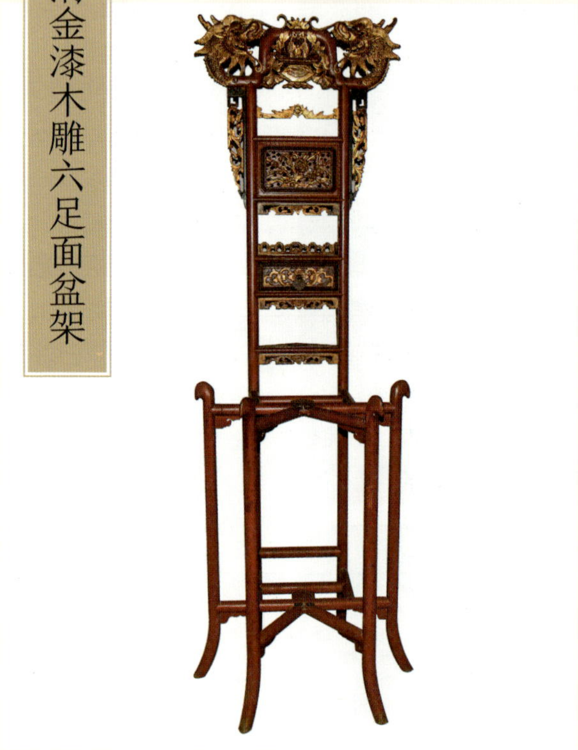

年　　代：清
藏　　馆：福建民俗博物馆

盆架是一种以多足架承托面盆类容器的家具，是传统生活中重要的日用器物之一，最早可追溯到宋代。最初盆架的功能附属于梳妆台，后来逐渐脱离梳妆功能，演变成独立的清洁架具。盆架通常都摆放在床边便于梳洗，搭脑部分可以挂毛巾，中牌下的小抽屉可以放肥皂。这类髹朱漆贴金的面盆架旧时在南方是富裕人家普遍使用的日常生活器物。红红的朱漆喜庆吉祥，贴金的纹饰奢华精美，这也使盆架成为婚嫁时必须定制的重要器物之一。

清金漆木雕六足面盆架造型精美、方便耐用，符合当时的使用需求，雕刻的纹饰图案精美繁缛，喜庆奢华，具有美好的祝福寓意。盆架的搭脑为“几”字形，两侧圆雕龙头纹饰；中间雕刻博古花篮，里面满盛牡丹，卷曲的花叶垂落两侧，灵动自然，整个搭脑的装饰像一顶华丽的官帽。龙是传统的瑞兽，也是民间喜爱的传统纹饰；牡丹花篮喻示富贵吉祥、生活和美；整组纹饰反映了人们对美好生活的祈盼与憧憬。

（陶武 / 文　福建民俗博物馆 / 图）

◆ 面盆架搭脑两侧圆雕龙头纹饰

清描金彩绘『万福来』博古纹漆皮箱

年　　代：清
藏　　馆：福建民俗博物馆

◆ 漆皮箱上除了标记商铺的款识，还有各种描金的吉祥纹饰

漆皮箱是福州传统的皮胎漆艺木箱，多以杉木及牛皮为里，生漆做面，根据用途采用大小不一的形制。旧时的杨桥巷（今杨桥路）就有很多有名的漆皮箱店铺，如“万福来”“万和金”“盛兴铺”等。过去福州民间传统的五大嫁妆中，杨桥巷作坊的髹漆全牛皮箱便是其中之一，朱红色的皮箱加上描金的吉祥纹饰很是喜庆。一些老髹漆全牛皮箱历经百年依然完好。作为传统的婚嫁用具，它们见证了一对对新人幸福甜蜜的婚姻生活，是福州婚俗文化的重要代表物之一。民国三大才女之一的林徽因的嫁妆里就有朱红色的漆皮箱，林徽因后将其转赠给大洋彼岸的好友费慰梅 (Wilma Canon Fairbank)。

（杨晨 / 文　福建民俗博物馆 / 图）

清竹编『五子登科』织箩

年　　代：清
藏　　馆：柘荣县博物馆

古往今来，“五子登科”都是书香门第的热切渴望，因此常在年画和日用物件上看到。“五子登科”竹编织箩是闽东地区女子出嫁时的标准陪嫁品，一方面祈求女子在夫家富贵和睦、子孙有成，另一方面也展现女方精湛的女红功底。本件清代竹编织箩内部绣有“五子登科”字样，配上如意纹作为角花，铜钱纹环绕，寓意仕途如意、福禄顺遂。细看之下，整件竹编做工精美细致、编织技法娴熟、层次分明、纹饰丰富，实用性和观赏性并存，展现出精湛的技艺。

（游再生／文　郑鑫／图）

◆ 织箩底足浮雕金漆“暗八仙”，以八仙所持法器代表仙人，具有祈福纳祥的吉祥寓意

清『福』字婚帖木盒

年　　代：清
藏　　馆：客家族谱博物馆

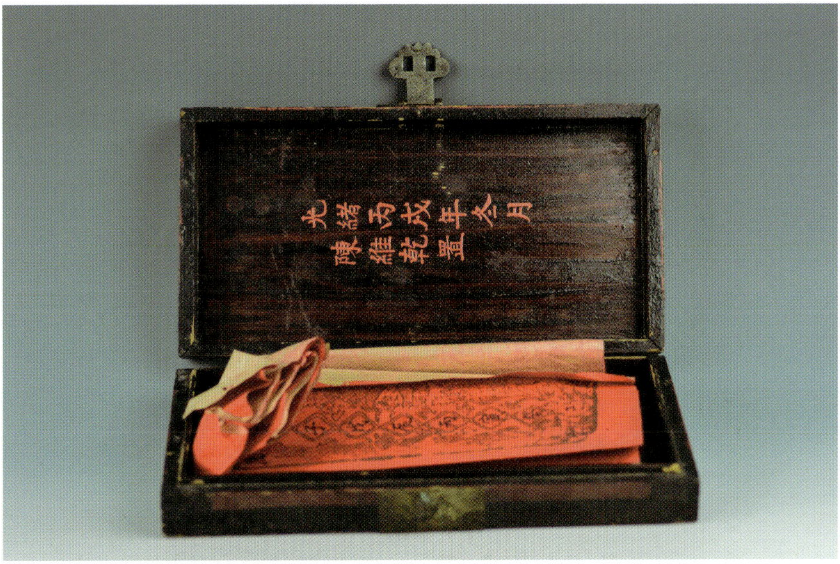

◆ 木盒及内装婚帖

这件木盒是客家地区娶亲时男方送至女方家装婚帖的礼盒。客家人嫁娶要行“六礼”，即纳采（说亲）、问名（问生辰）、纳吉（小定）、纳征（大定）、请期（送日子）、迎亲。该礼盒在问名、纳吉、纳征、请期环节时使用。男女双方将生辰八字、聘礼聘金、结婚日期等用红纸按一定的格式书写，装进这精美的礼盒中，既喜庆端庄，又显其荣耀。礼盒为木质嵌铜锁扣，盒身髹黑漆，盒面有描红的边框和双线圆圈，圆圈内用祥云勾勒的“福”字寓意吉祥如意、幸福美满。

（邱盛良 / 文　郑鑫 / 图）

民国彩花卉盘——福州船政局局长陈兆锵长女陈秀莹的嫁妆之一

年　　代：民国
级　　别：三级文物
藏　　馆：中国船政文化博物馆

晚清民国时期，民间婚嫁流行用景德镇烧造的瓷器等做嫁妆，通过瓷器的纹饰、器型表达美好的寓意。这组民国彩花卉盘是时任福州船政局局长陈兆锵的长女陈秀莹出嫁时，陈兆锵特意向景德镇定制的嫁妆。此组彩花卉盘共六件，以黄栌色为底色，上方绘制花草，寄托着陈兆锵对于女儿女婿婚姻和谐幸福、圆圆满满，生活平安吉祥的美好祝福。这一组彩花卉盘见证了陈秀莹和沈来秋的美好婚姻，更建立了船政人之间千丝万缕的联系。

（唐维莹 / 文　中国船政文化博物馆 / 图）

◆ 彩花卉盘所绘花草栩栩如生，盘子的边缘以金色点缀，可依次盘叠，十分精致

民国木雕福禄寿纹茶壶桶

年　　代：民国
藏　　馆：福建民俗博物馆

◆ 茶壶桶提梁处刻有花卉纹饰，把手两侧为龙头纹，中间连接处透雕蝙蝠纹

◆ 桶身的正面下部雕有福禄寿三星纹饰

木雕茶壶桶是清末民国时期人们使用的一种给茶壶保温的木桶，与其相类似的还有给米饭保温的木桶等，在日常生活中属于很有“烟火气”的实用器。茶壶桶不仅是便捷的实用器，也充满吉祥美好的寓意，因为旧时“壶套”与“福到”发音相近。这件茶壶桶形似官帽，提梁两侧似朝冠耳，蝙蝠展翅翱翔，蝠身和蝠翅盘曲自如。蝙蝠的“蝠”与“福”字同音，有“福从天降”“福到了”之意，蝙蝠也被古人视为长寿的象征。人们用自己丰富的想象和大胆的变形移情手法，将蝙蝠图案美化成舒展飞翔、生动而富有张力的形象，并赋予其趋吉避凶、求富贵、祈康寿等吉祥寓意。

（陶武 / 文　福建民俗博物馆 / 图）

清金漆镂雕人物故事纹长方形木馔食盒

年　　代：清

级　　别：三级文物

藏　　馆：三明市博物馆

金漆木雕是历史悠久的传统雕刻艺术，这一工艺可追溯到南宋，明代已十分成熟，清代达到鼎盛。这件金漆木雕食盒呈长方形，盖面浮雕“蝙蝠捧寿”，盒身为双层套盒，四面镂雕“五老观太极”“空城计”等人物故事。底座瑞兽角柱，中间透雕葫芦、花卉等吉祥纹饰。此器保存完好，金漆为主，辅以黑、红色漆，纹饰构图饱满，造型生动，刻工精细。

本件食盒最具特色的是其多层镂雕工艺，题材上大量采用历史人物故事、戏曲故事，把曲折复杂的人物形象与故事情节以木雕技法凝固在有限的空间，将平面绘画转换成立体空间，有着不一样的审美价值。木盒采用樟木雕刻，不仅不变形不开裂，还能防虫蛀。木料成型后以色漆为地，再贴上金箔或涂上金水，虽经历一二百年，仍像新的一样金光灿灿，呈现独特的艺术魅力。

食盒呈长方形，由盒身、底座两部分组成，盒身分盒盖和双层套盒

◆ 食盒盖面浮雕“蝙蝠捧寿”纹饰，蝙蝠谐音“遍福”，寓意幸福无边

本件食盒含有较多的吉祥元素，如食盒的“盒”通“和”“合”，寓意和谐；再如“蝠”与“福”，“葫芦”与“福禄”等，寓意福禄双全，这是当地民俗中“福”文化的体现。客家人深受中原儒家思想的影响，继承了尊宗慕祖、崇文重教、耕读传家等优良品质。这件金漆木雕辅以具有借鉴意义的《三国故事》《杨家将》等传统历史故事，在表达对美好生活追求的同时，又起到教育的作用。

食盒虽小，却浓缩了古代工匠的技艺水平，同时也折射出当时人们的审美意识和文化追求，充分表达了人们对美好生活的向往与热爱。

（李昭梅／文　陈旭／图）

◆ 第二层镂雕“五老观太极”纹饰，画中五位老者长须飘飘，他们或坐或站，人物神态栩栩如生，表达了人们对闲适安逸的晚年生活的渴望和对长寿的企盼

◆ 底座边缘呈竹节状，四角雕刻瑞兽纹，中间开光处镂雕葫芦，“葫芦”谐音“福禄”，是富贵的象征；其枝茎称为“蔓”，“蔓”与“万”谐音，是绵延不绝的象征；葫芦与拐杖组合，是“暗八仙”中李铁拐的法器，可救济众生，有着吉祥、富贵、辟邪之寓意

宋黑釉描金『寿山福海』瓷盏

年　　代：宋

级　　别：一级文物

馆　　藏：武夷山市博物馆

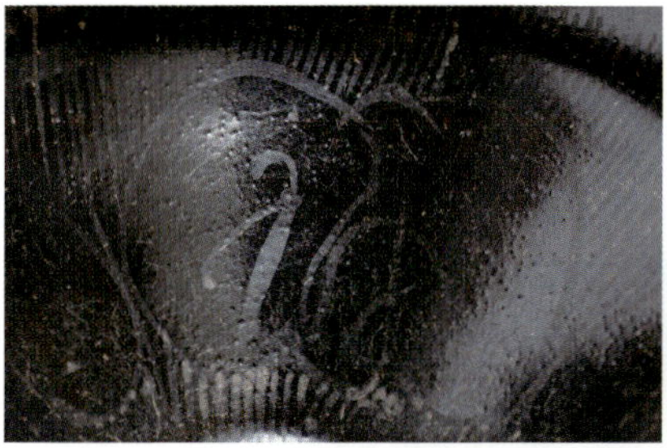 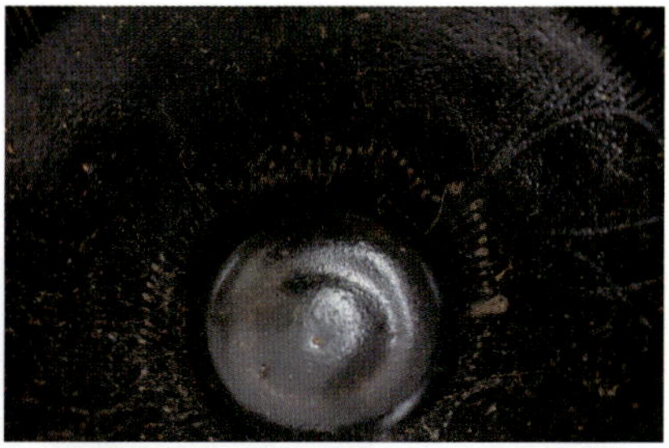

◆ 盏内描金银彩，沿下为卷云纹及弦纹，盏内放射状的条纹中有四朵对称团花纹，团花内分别书写“寿”“山”“福”“海”四字，寓意长寿吉祥

武夷山遇林亭窑址是目前全国规模最大、保存最完整的宋代古窑址之一，以烧制黑釉瓷为主，兼烧少量青瓷。遇林亭窑的瓷器产品以茶盏类用具为大宗。遇林亭窑址作坊区曾发现描金银彩装饰纹绘于黑釉碗心及内壁釉面的黑釉盏，内容有花卉、凤凰、山水、诗句等，在国内传世品中较为罕见。黑釉描金盏是遇林亭窑的特色产品，为宋代最受欢迎的主流茶盏，釉色、器形等变化多端。工匠在黑釉盏上运用金、银粉绘制图案，二次入窑烧制，工艺独特且效果非凡，对中国陶瓷工艺产生了重要影响。

宋黑釉描金“福山寿海”瓷盏盏式轻盈，深腹敞口，小底足，灰褐色胎，略粗松，为典型遇林亭窑茶盏。盏内描绘的金银彩“寿山福海”四字纹饰，间或以条缕状纹饰，文字书法流畅率真，寓意吉祥，用于祝人长寿多福，反映了人们精神层面上对福寿绵延的追求。

（陈梦安 / 文图）

清描金木雕百寿图立柜

年　　代：清
藏　　馆：福建民俗博物馆

◆ 两扇柜门共有 42 个不同字体和写法的“寿”字，寄托了人们对生命的敬畏和对长寿安康的追求

◆ 立柜上的蝴蝶形合页：蝴蝶常与花卉组合出现，给人以蝶恋花的美好想象，蝴蝶又与“福”蝶谐音，有美好的祝福寓意

柜的主要用途是储藏物品，这一储藏类家具早在汉代时期就已出现，后不断改良升级。福建常见的柜、橱类家具多髹以红、黑色漆为底，再以金或其他颜色彩绘图案，内容多为人物故事、花草、博古等，这些传统纹饰通常具有丰富的文化内涵。这件描金木雕百寿图立柜是当时流行的高脚柜，杉木材质，橱身以红漆为主，两扇对开门，橱面宽大，黑漆攒框落膛，膛面刻有 42 个“寿”字，四周雕刻漆金花卉、回纹装饰边，雕工简洁，纹饰表达了吉祥长寿的寓意，在室内陈设不仅实用，且寓意美好。

（杨晨 / 文　福建民俗博物馆 / 图）

清缂丝寿星图轴

年　　代：清
藏　　馆：华侨博物院

此件清代缂丝寿星图轴是20世纪50年代陈嘉庚先生为倡办华侨博物院从北京、天津等地收集的各类文物之一，属清代苏州缂丝产品，旧时作为大户人家厅堂陈设之用，寓意家庭和谐美满、平安富贵、福禄寿三全。这件缂丝寿星图采用多种缂织工艺及细部工笔描绘而成，是清代缂丝的典型作品。寿星和麻姑一左一右、一高一低，与立于身前背负牡丹的梅花鹿及天上飞翔的两只蝙蝠形成团形动态构图，画面祥和温馨，造型古朴。麻姑献寿酒、寿星捧蟠桃、梅花鹿负牡丹、蝙蝠呈吉祥，集各种美好祝福于一体。

（曾焕光 / 文　华侨博物院 / 图）

◆ 寿星结发白须、慈眉善目、笑口常开，身着团云纹、万字纹及寿字、蝙蝠图案长袍，左手捧蟠桃，右手持一鹿头长杖，杖上悬挂葫芦、灵芝、经卷等

◆ 麻姑手捧宝瓶，瓶上无盖，瓶中由灵芝所酿成的寿酒香气溢出，在空气中弥漫

清十扇鸡翅木框镶黄杨木雕花鸟人物祝寿围屏

年　　代：清
级　　别：二级文物
藏　　馆：福建民俗博物馆

祝寿习俗由早期祭祀寿星发展成为人生礼仪中的一项重要组成部分，承载了人们平安长寿的现实心理以及对幸福生活的向往。这种融合吉祥愿望与民间信俗的文化形式，引导与鼓舞人们积极乐观面对生命，珍视生命。五福寿为先，寿的观念很早就成为人们祈福的吉祥内容之一。健康长寿作为一种生命力的象征，浓缩了人类对生命之美的无限憧憬，深深烙印在中国人的祈福观念里。

祝寿围屏出现于明末清初，是一种为贺寿而制作的大型漆木围屏，既可作室内空间隔断、装饰之用，又可满足庆寿的礼仪之需，蕴含着深厚的祝寿文化。此围屏是清嘉庆十四年（1809）泉州安溪县学教谕邓培风送给伯祖母八十大寿的贺礼。阴刻于金漆为底的屏心上方的祝寿序文描述了伯祖母一家家族昌盛、子孙绕膝的情景，同时表达了对伯祖母的美好祝愿。寿屏以鸡翅木为框，内嵌数十块黄杨木精雕花板。屏心四周有花鸟瑞兽、八仙人物、四爱图、四艺图等吉祥纹饰，屏扇下半部的裙板雕刻“郭子仪拜寿”“围棋赌墅”等戏曲人物故事。屏心背面则大多为通景式山水人物图装饰。围屏融合了深浅浮雕、锯通雕、透雕等福建木雕中常见的雕刻技法，整体呈现出精雕细镂、古朴典雅的艺术效果，历经百年仍保存完好，是一件罕见的民间瑰宝。

（赵露敏 / 文　福建民俗博物馆 / 图）

◆ 围屏顶部黄杨木绦环板雕刻有“喜上眉梢”等吉祥纹饰

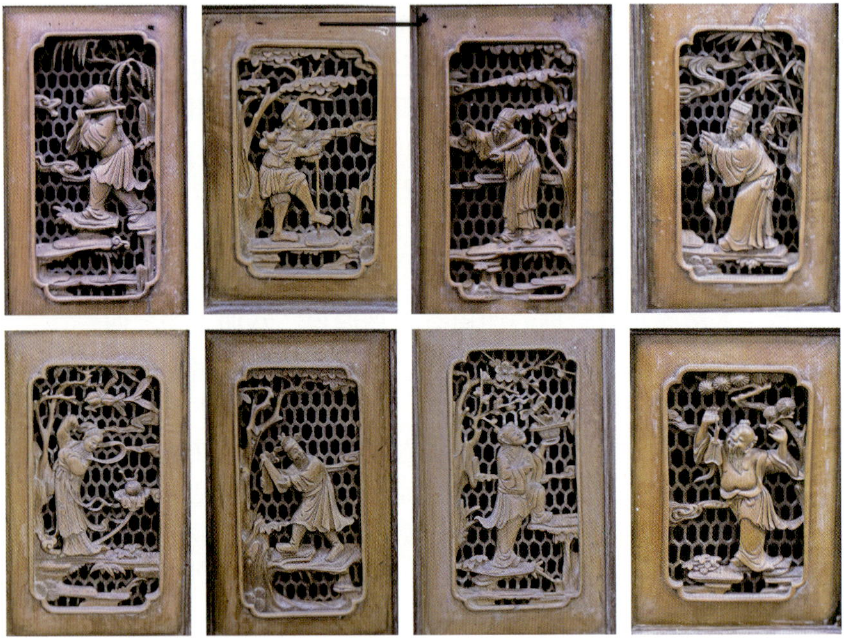

◆ 围屏两侧黄杨木绦环板雕有八仙祝寿图，八仙手持法器向老寿星行礼致意，八仙祝寿图作为一种美好意愿的表达，意蕴吉祥，凡是祝寿的场合，八仙是必不可少的

◆ 围屏黄杨木底部绦环板雕有“王羲之爱鹅”“陶渊明爱菊”“周敦颐爱莲”“林和靖爱梅鹤”等吉祥纹饰，尽显文人雅士之风

◆ 围屏四周的“锦上添花”“路路连科”等吉祥纹饰

商周木船棺文物组

文　　物：商周木船棺

年　　代：商周

级　　别：一级文物

出土时间：1979 年

出土位置：南平市武夷山市武夷山风景名胜区白崖洞

藏　　馆：福建博物院

位于闽北山区的武夷山风光秀丽，历来是人们向往的名胜之地。这里不仅有九曲溪、天游峰、一线天等著名景点，更有隐于悬崖绝壁的古代船棺，为武夷山水增添了一抹神秘的色彩。船棺葬一般选择在临江面水的高崖上，棺木被放置在距离水面数十至数百米的天然或人工开凿的洞穴中，有些则是直接放在悬空的木桩上面。这艘船棺距今已有 3 000 多年的历史，属于青铜时代的遗物。船棺葬是当时居住在福建的古越族人的一种奇特葬俗，这与他们对待死亡的观念有关。在他们看来，人死后并不是一切皆空，人是有灵魂的，死后的归宿应该是“升天”，在“天”的世界中得享福庥。他们认为“船”是“升天”的载具，“山”是“升天”的通道。人死后亲人将其尸骨用布包裹严实，置于船棺之中，葬于悬崖之上，以此永享冥福。

◆ 船形棺材分底、盖两部分，系用两根整木凿制而成，棺底如棱形，两端凿成翘起的船首尾状，中为长方形尸柩，口沿四周成子母口

文　　物：商周龟形木盘
年　　代：商周
级　　别：一级文物
出土时间：1979 年
出土位置：南平市武夷山市武夷山风景名胜区白崖洞
藏　　馆：福建博物院

◆ 龟首，短尾（已残），器身椭圆形，盘式，夹唇外侈，底平微凹，外底附四个矮方形足，造型形象生动，雕工简洁

考古工作者在清理这处船棺墓葬的时候，发现一件重要的随葬品——龟形木盘。木盘以整木雕刻为龟形，整体虽简洁质朴，却展现出很强的造型能力和审美情趣。龟耐饥渴，寿命比其他动物长得多。先民们认为龟的长寿源于其内在的灵性，他们渴望拥有灵龟的长寿之福，逐渐发展为独特的灵龟崇拜。古人常以“龟寿”“龟龄”“龟鹤”等比喻高寿。正因灵龟蕴含这么多的吉祥和福庥喻义，几千年前的古越族人才在船棺之中放置龟形木盘。

（龚张念 / 文　福建博物院 / 图）

东汉铅绿釉陶文物组

文　　物：东汉铅绿釉陶三羊圈
年　　代：东汉
级　　别：二级文物
藏　　馆：南平市博物馆

东汉是铅绿釉陶随葬器盛行时期，这与当时社会的丧葬习俗中极为崇尚“事死如事生，事亡如事存”的观念密不可分。南平市博物馆珍藏了多件东汉铅绿釉陶器，包括灶、井、囷、磨、猪圈、羊圈等，生动反映了墓主人生前生活的方方面面，展示了东汉时期人们所追求的简单幸福：家中起炉灶，仓中有谷物，圈中养着牛马猪羊，生活富足且有希望。

东汉铅绿釉三羊圈表明在东汉时期羊已经普遍得到圈养式喂养。作为六畜之一的羊既是人们生活中肉食的主要来源，构成墓主人享之不尽的肉食仓库，也是增加收入的重要途径，成为墓主人最重要的财产标志，体现古人对“福”的追求——生活富足。“羊”与“祥”相通，被人们视为瑞兆，寄托着人们吉祥如意的美好祝愿；“羊”又与“阳”谐音，“三阳开泰”象征生机勃发、好运接踵而来。

◆ 铅绿釉羊圈呈平宽沿，方唇，直壁，平底，器内堆塑三只绵羊

文　　物：东汉铅绿釉陶囷
年　　代：东汉
级　　别：二级文物
藏　　馆：南平市博物馆

◆ 铅绿釉陶囷以伞状顶出檐，顶上有小直口，囷顶饰有瓦棱

随葬明器除主人生前所用之物外，还将这些日用器物制成模型一同入葬，以供墓主人在另一个世界继续享用生前的荣华富贵，为墓主人精心营造出一个想象中的彼岸家园，具有浓厚的祈福意味，凸显人们对于五谷丰登、丰衣足食、六畜兴旺的期待。时代更迭，观念在改变，千年前人们的随葬理念或许我们无法全部理解，但人们对“福”的追求仍是最初那一份简单的衣食富足、平安和谐。

（练建菁 / 文　林正锋 / 图）

宋青釉褐斑带盖瓷多嘴壶

年　　代：宋
级　　别：二级文物
出土时间：1997 年
出土位置：福州市晋安区凤丘鹤林山宋墓
藏　　馆：福州市博物馆

多嘴壶器形始于唐，盛于宋，没于元，器身分为宝塔形、蚕蛹形、橄榄形等，逐步向罐形发展，层次多为五层，器身以多嘴为主要装饰，嘴的数量为五的倍数，寓意“多子多福”。器物内多有稻谷等物残留，有的还装有铜钱。多嘴壶是依据唐宋时期丧葬习俗、宗教信仰等客观需要而创造出来的一种丧葬明器，代表着逝者享有多子多福带来的荣耀，同时也富含子孙世代繁衍的深意。其悠久的历史离不开唐宋时期福建制瓷业的繁盛和陶瓷技术的进步，再加上受当地丧葬习俗影响，多嘴壶因造型独特和寓意多子多福而大受追捧。

宋青釉褐斑带盖瓷多嘴壶属谷仓明器，堪称明器中的珍品。其造型富含想象力，若将其视为塔形，那么壶盖就是造型别致的塔顶，宝珠犹如塔顶的塔刹镇住宝塔；若将其视为谷仓，那么这个壶盖就是造型别致的圆形谷仓顶。

（张振玉 / 文　谢在华 / 图）

◆ 多嘴壶壶身似塔，分 5 层，每层分叉有 5 个嘴，整个壶共有 25 个嘴；壶盖呈屋顶状，上有 5 道脊棱，顶部为宝珠顶

宋酱黑釉镂空石榴形罩灯

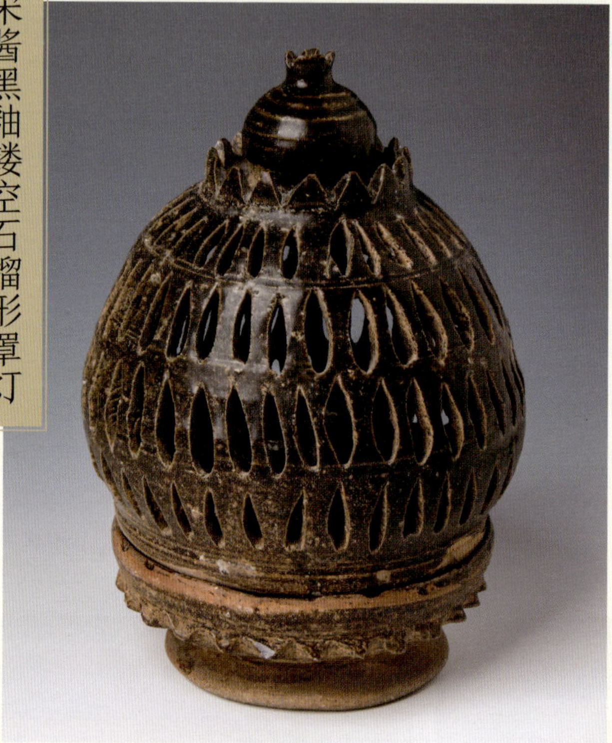

年　　代：宋

级　　别：二级文物

出土时间：1992 年

出土位置：三明市泰宁县梅口乡大洋村

藏　　馆：泰宁县博物馆

古人按照现实世界的式样布置死者的墓葬，放入各种日常实用器以及死者生前喜爱之物，用各种材料制作具有祈福、赐福意义的明器。这些随葬器物反映了当时人们对今生来世的态度。此件酱黑釉镂空石榴形罩灯为陶制，施酱釉，由灯罩和灯座两部分组成。大小两颗石榴形灯罩上下叠放，大石榴如拨开果皮的石榴，果肉网状镂空，小石榴放置在大石榴顶部，作为握柄，坚实古朴，造型美观；底座呈盘状，中心做灯芯柱，柱四周设环形储油区，盘边为子母卡槽，用于灯罩放置。石榴于汉朝由西域传入中国后，因其花果美丽、寓意吉祥，深受中国人民喜爱，在中国民俗文化中一直是富贵、团圆、繁荣、幸福的象征。石榴花开时节，满树的红花象征繁荣美好和红红火火的幸福生活；石榴果实中密密麻麻的小果粒，自古以来就是多子多福的象征。此件镂空石榴形罩灯刚好印证了墓葬主人对幸福生活的向往，同时借石榴多籽来祝愿子孙繁衍、家族兴旺昌盛。

（陈林 / 文　叶仁智 / 图）

◆ 石榴形罩灯通体形如石榴，灯罩为网状镂空，在顶部置一石榴柄；底座为子母槽，中间为灯油盘；底足呈喇叭状，造型美观，稳健厚重

宋青白釉攒尖顶圆形谷仓

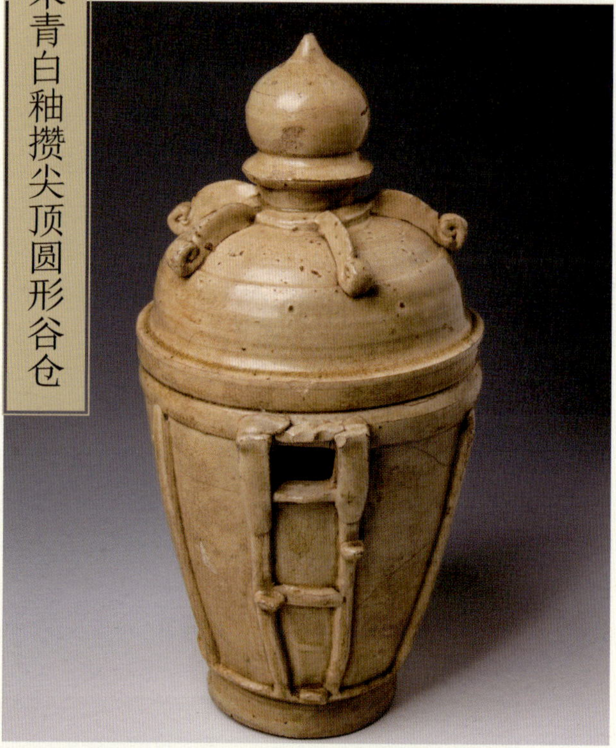

年　　代：宋

级　　别：二级文物

出土时间：1982 年

出土位置：三明市泰宁县下渠镇大湖村

藏　　馆：泰宁县博物馆

◆ 谷仓罐上部的单檐攒尖顶是仿古建筑屋面的一种样式

宋代，泰宁瓷土资源较为丰富，主要烧造产品大致分为实用器、明器、观赏器等，瓷器种类有执壶、罐、瓶、碗、碟、盘、盆、杯、盅、灯盏等。在泰宁宋代墓葬中出土的大量随葬品也是这类器物，谷仓罐是其中较特别的随葬品。谷仓罐又称魂瓶、魂亭，是长江中下游地区以种植水稻等农作物为主的族群制作的一种独特陪葬冥器。由于经济、文化的发展，宋时谷仓罐在造型、装饰技法上愈发成熟、风格多样。青白釉攒尖顶圆形谷仓就是其中一种器型。该器物攒尖顶上的宝珠纽为佛教器具中的常见之物，在谷仓上使用宝珠纽极有可能是因为死者生前信奉佛教，希望后人成为德能表率、有识之人。宝珠纽、水波纹、莲纹等装饰表达了生者与死者的共同夙愿，有吉祥、光明、永恒的寓意，同时该器物又具有祈求五谷丰登、家族兴旺昌盛的美好寓意。

（叶仁智 / 文图）

宋谷仓罐文物组

文　　物：宋酱釉堆贴龙纹带盖瓷谷仓
年　　代：宋
级　　别：二级文物
出土时间：1982 年
出土位置：南平市延平区王台镇姜口村
藏　　馆：南平市博物馆

谷仓罐也称“魂瓶”，除了作为逝者灵魂的栖息地和寄托物，还包含多层内涵。南平地区发掘的宋代墓葬有各种形制的谷仓罐出现，这与当时的社会经济状况有着密不可分的关系。南平地区出土的谷仓罐多为现实中谷仓的缩影——圆筒形器身、笠帽形盖或平底楼阁形，有的则是较为简易的多角（嘴）谷仓。这一时期谷仓罐的大量出现也反映出宋代闽北农业，尤其是粮食种植业的兴盛。

◆ 这对谷仓罐一个罐底刻了“子孙”二字，一个刻了“富贵”二字，表达对子孙繁衍、生活富足的祈求

文　　物：宋青白釉带盖瓷多角罐
年　　代：宋
级　　别：三级文物
出土时间：1976 年
出土位置：南平市延平区王台镇罗坍村
藏　　馆：南平市博物馆

因为古人受“事死如事生”的丧葬观念的影响，在陪葬明器的选择上也体现死后生活的愿景，所以常在墓葬中见到储存稻谷的谷仓罐，体现了生者对亡者能够在另一个世界丰衣足食的美好愿望。谷仓罐也包含生者对现世生活的各种期盼，在南方部分地区“角”和“谷”的读音相近，“多角”即寓意“多谷”，是对农业兴旺、五谷丰登的美好祈盼。

（谢叶云 / 文图）

◆ 多角罐上有帽式盖、五层塔式深腹，每层有五只短流状角，角端有小孔，盖纽呈瓶状

宋青白釉瓜棱双纽瓷执壶

年　　代：宋
级　　别：一级文物
出土时间：1974 年
出土位置：三明市三元区莘口镇北宋古墓
藏　　馆：三明市博物馆

1974年，三元区莘口镇一座宋墓出土了一批随葬品，其中一件宋青白釉双纽瓷执壶十分引人注目。其秀丽、轻盈、飘逸、修长的颈部与体态饱满的六瓣瓜棱圆鼓腹浑然一体，长管圆流从壶身向上翘起，途中向外歪曲成弧线，同时顶端微细，显得自然飘洒，壶身另一面的把手似丝带悬空滑落于壶身上。此执壶施青白釉，莹润似玉，透光见影。经专家鉴定，执壶为三明中村窑产品。它实用、美观，反映了当时制瓷工匠高超娴熟的技术，是代表三明当地制瓷工艺的上乘之作。

古人崇信人死之后仍然过着类似生前的生活。生者为了让死者安息，同时获得死者的庇佑，在随葬品的选择和制作上尤其慎重，除了选择日常的实用器外，还会挑选一些精美且具有吉祥寓意的器物用于陪葬。执壶因"壶"字谐音"福"，有福泽后代、荫及子孙之意，成为重要的陪葬明器之一。

（李昭梅/文 陈旭/图）

◆ 团菊纹纽的点缀尤具画龙点睛之功效

清乾隆二十四年（1759）青花龙纹炉

年　　代：清
级　　别：二级文物
藏　　馆：福建省泉州海外交通史博物馆

作为香文化的物质载体，香具承载着古人的精神信仰和寄托。香具品类繁多，其中青花香炉自明代开始成为特色品种，清代延续了这一潮流，纹饰主要有人物故事、云龙、山水、花卉等。此件香炉为供养香炉，绘有双龙戏珠和火云纹，寓意吉祥喜庆、生动活泼、平安长寿。供奉供器是信徒表现虔诚的方式之一，上至皇家，下至平民，均有进供物品于寺庙及道观等的传统。在平民百姓进供的器皿中，瓷质器皿是重要的门类，而香炉是常见的器型。作为泉州后城关帝庙的供养香炉，此香炉是泉州关帝信仰的重要实物证明。泉州人信仰庞杂，各种固定节日和人生重要时刻都免不了与神明打交道，祭祀成为普通老百姓日常生活用香的主要场景。借由焚香，以香的芬芳取悦神佛，希望其降福，赦除过错，是老百姓朴素的心愿。

（傅宝玲 / 文　成冬冬 / 图）

◆ 在火云、双龙戏珠纹间阴刻着“后城 乾隆式拾四年桐月置 关夫子宝炉 敬奉 弟子傅光国”

清金漆木雕人物纹菓盒

年　　代：清

级　　别：三级文物

藏　　馆：福建民俗博物馆

在福建的祠堂、庙宇里，流光溢彩的金漆木雕祭礼器具十分常见，金漆木雕菓盒就是其中之一，其常与神龛、馔盒、龙烛、香炉、桌灯等一起用于祭神祀祖的仪式。富裕人家日常生活中也将其置于室内的案几上摆放水果和糕点，可以说是既入庙堂，又进厅堂。此件金漆木雕菓盒由盒身、底座两部分组成，菓盒呈筒形，中空，以镂雕、圆雕等工艺雕刻人物故事、花卉、瑞兽等纹饰，为民间祭祀、祈福等仪式用品。

◆ 菓盒主花板的这组纹饰雕刻的是赵子龙单骑救主的故事，其中赵子龙一手抱紧小主人、一手奋力打斗的画面以及忠贞坚毅的形象刻画得栩栩如生；生动立体的小故事不仅反映了社会百态，也弘扬了伦理纲常和仁义礼智信等传统道德准则

◆ 底座连接处雕有各式各样的吉祥纹饰，如寓意人丁兴旺、福泽绵延不断的卷草纹和金玉满堂、吉庆有余的鱼纹；牡丹和蝴蝶纹分别是富贵的象征和“福”的谐音，寓意接连富贵和福气

祭祀对于福建人来说是重要的民间习俗，这源于福建先民的迁徙背景。他们十分强调宗族内的相互救济与扶持，一个个家族在此宗族观念的影响下不断繁衍壮大。到了宋代，福建民间的宗族制度愈发完善，各种维持宗族联系的形式也应运而生，如家庙、祠堂、族谱、辈分命名等，祖先祭祀、宗族祭祀乃至神明祭祀等祭祈仪式成为重要活动，至今仍被完整保留。溯本追源，绳其祖武，是闽人根深蒂固的文化理念。宗族观念即“祖宗信仰”，它影响着福建人的一生，教导福建人以孝为先、团结互助、饮水思源。在祈祭活动中将最精美奢华的金漆木雕礼器作为精神载体供奉，不仅是对祖先、神明最大的敬意与诚意，更寄托了人们对幸福生活的祈盼。

受地域和信俗文化的相互影响，福建相邻省份的沿海地区亦常见此类礼器，如潮汕的金漆木雕、宁波的朱金漆木雕等，尽管制作工艺不尽相同，但都用于祭祈活动中盛放供品。这些礼器的各个部位通常都有着丰富华丽的纹饰，纹饰题材大多为传统历史典故、八仙人物、花卉瑞兽，寄寓了讴歌先贤、向往美好生活的文化内涵。

（陶武 / 文　福建民俗博物馆 / 图）

◆ 菓盒顶部有一组八仙人物纹饰，几位仙人各自手持法器的画面被生动地展现出来；作为民间耳熟能详的道教神仙，八仙的本领和“八仙过海”的故事广为流传，因此八仙纹样也常被建筑或器物采用，有吉祥如意、逢凶化吉的寓意

清福字双耳石香炉

年　　代：清
级　　别：一般文物
藏　　馆：龙岩市博物馆

香炉是香道必备的器具，也是华人民俗、宗教、祭祀活动中必不可少的供具，常见于寺庙、祠堂、家居等。香炉的形制、材质、用途也是多种多样。香炉是承载信仰的实体，以香作为信仰的外在表现存在。香炉不仅象征着吉祥，而且还寄托威慑妖魔、清除灾祸的祈愿。香炉是佛门法物，亦是被文人雅士赋予典雅品质的器具。无论是在书房还是集会场所，香炉这种包容他们内心世界的器物，成为文人生活中不可缺少的东西。此石质方形双耳香炉为焚香敬神供佛器物，“福”字刻在香炉上，寓意吉祥、平安。

（吴丽华 / 字　曾庆河 / 图）

◆ 炉身正面阳刻花型开窗“福”字纹，两侧双耳雕刻舒云纹，线条流畅柔美，似花卉又似如意

清金漆木雕戏剧人物长方形供盒

年　　代：清
级　　别：一级文物
藏　　馆：漳平市博物馆

供盒是中国古代的祭祀礼器。金漆是中国古老的工艺，运用髹漆、描金、镶嵌等技法，用于古代家具以及其他家居器物的装饰中。在金漆木雕上雕镂镶嵌文学名著、历史典故、宗教神话、民间传说中的故事图或山水人物、龙凤花鸟等图案的器皿摆件、床楣、屏风、牌匾、壁饰和室内外建筑装饰等，大多有繁荣昌盛、前程锦绣、福禄寿喜、吉祥如意等寓意。

◆ 供盒以传统金漆木刻镂雕技法为主要工艺，由盒盘、盒身、底座组成，最巧妙之处是盒身和盒盘合为一体，盒身四面都可观赏，上、中、下三个层次组成一个整体，层次分明，刀工圆润

◆ 供盒四面以人物故事、亭台楼阁、花鸟动物等贯穿其间，共雕刻有100多个传统戏剧人物

漳平本土的金漆木雕也常用于祠堂和神龛。这件供盒是原漳平永福镇福里村陈氏家族每年在宗祠举行隆重祭祀仪式时盛供品的礼器，寄托了祭祀者对先人的怀念和敬祖崇宗的思想感情，凝聚着深刻的民俗文化。供盒造型精美，反映了工匠精湛的技艺，是集金漆工艺与雕刻工艺于一身的艺术精品，也是一件不可多得的传世民俗文物。

（黄秀燕 / 文　黄大义 / 图）

◆ 盒盘上端雕刻有 4 只可活动的狮子，两两相背作蹲伏状，盒盘顶部凿榫头与狮子底部卯眼相接，可将狮子套上，与器身相连

清金漆木雕人物纹供盒

年　　代：清
级　　别：三级文物
藏　　馆：武平县博物馆

此件供盒为金漆木雕材质，呈菱形，由盒身、底座两部分组成。盒身上下分三层，中间镂空，以镂雕等工艺雕刻人物故事、花卉、瑞兽等纹饰。人物多为福禄寿星，手中或抱如意，或抱元宝，或抱小孩，栩栩如生，蕴藏意境深远的美学精神，也蕴含了百姓向往美好生活的永恒主题。盒身底部装饰有六只狮子，底座为两组保存完好的漆画，每三面表达一个主题，画面层次清晰，各自成章，一组为人物故事图，反映士大夫的悠闲生活，一组为文人、山水风景图，画面意境悠长。

（钟贵华 / 文图）

◆ 盒身底部人物

◆ 盒身底座漆画

清金漆木雕人物花鸟纹神龛

年　　代：清
级　　别：三级文物
藏　　馆：福建民俗博物馆

◆ 神龛门框前花牙透雕松鼠葡萄纹，两侧分别雕有博古纹，案桌上设觚插牡丹花和莲花，细节处刻画精美，纹饰寓意吉祥，松鼠葡萄寓意多子多福，牡丹和莲花寓意富贵吉祥、年年平安

祖先崇拜是中华民族最为普遍也最为重要的一种宗教形态，人们认为通过举行盛大的祭祖仪式，就能得到祖先的庇佑并远离灾病。祭祖习俗从古时一直流传至今，虽各地有关祭祀的形式和内容不尽相同，但大体上都形成了一定的仪式和流程。神龛是位于建筑正厅供奉祖先牌位及神灵塑像的木龛，多放于家族的祠堂之内。早在商周时期，宗祠祭祀就已经是人们十分重视的盛大活动。宋代，福建在朱熹理学的影响下，开始大力倡导尊祖敬宗的家族制度，并出现专门用来祭祖的祠堂。

◆ 一道门楣开框镶博古纹饰板，从中间延至两侧分别雕有福禄寿三星、金瓜、佛手、香炉、拂尘、官印、翎毛、宝剑等纹饰，寓意有福、有禄、有寿，福泽绵绵、文武双全、加官晋爵

这件神龛为独立式结构，与橱柜相似。上层为六柱二道门结构，内有六扇门。一道门楣雕有博古、花卉瑞兽等纹饰，下层还设一小龛，龛面四周均以浮雕人物、花鸟瑞兽为图饰，门框四周镂空雕松鼠葡萄纹、卷草纹等。神龛是人们缅怀先祖的重要载体，这些精美的瑞兽、花鸟、人物纹饰代表后人对先辈们的崇敬与哀思，寄托了人们对美好生活的向往和追求。

（杨晨 / 文　福建民俗博物馆 / 图）

◆ 一道门楣下中间有一幅博古图，前端雕有双龙，翻腾于海水中，后端雕有供案、香炉、烛台、官帽、官印、翎羽、宝瓶、如意等，寓意加官晋爵、家宅平安

清青花缠枝花卉五供

年　　代：清
藏　　馆：福建民俗博物馆

五供是一组祭祀用的器皿，汉代时期用于祭祀南郊、北郊、明堂、高祖庙、世祖庙。南北朝时期佛教传入中国后，五供开始用于佛前供奉，常见材质有石、铜、瓷。最晚到明代时期出现瓷制的炉、烛台、觚（瓶）五供组合，供奉于寺庙或道观，以此祈盼家宅平安。明清时期，闽地的宗族聚居和祭祖活动较多，人们对仪式中的供器、供品也逐渐重视和讲究。在祭祖仪式中，供案设于享堂中心，先祖牌位供于案上，案前摆放八仙供桌或小供案。桌上依序陈放祭器和祭品，如五供之香炉、烛台、花觚和“牺牲”、菜肴、瓜果等。此五供器由一炉、二烛台、二觚组成，各器均通体绘缠枝牡丹纹饰。

（杨晨 / 文　福建民俗博物馆 / 图）

◆ 五供器通体以青花绘缠枝牡丹纹饰，缠枝又名“万寿藤”，可搭配各种花卉形成吉祥寓意，因其卷曲缠绕且连绵不断，故又具“生生不息”之意

清竹胎朱漆描金火饭甑

年　　代：清
藏　　馆：柘荣县博物馆

供奉火饭甄的民间习俗常见于闽东地区，当地还流传这么一句歇后语：“除夕夜借火饭甄好比和尚庙借头梳——难！”火饭甄的器物造型和纹饰大同小异，但无不体现人们对美好生活的向往和祈盼。每年除夕夜，人们把盛满大米的火饭甄放到大厅供桌上，在大米里插上胭脂树，在树上用金线缠绕荔枝干、龙眼干、花生干、芝麻、红豆等点缀，寓意生活甜蜜、多子多福；火饭甄左右需摆上两个灯盏，一直供奉至正月十五，灯火长明寓意长命百岁、光明永续。元宵节早上，主人将火饭甄中的米下锅煮到半熟再蒸熟，在全家人吃饭前取三碗米饭塑成椎状，继续放在供桌上，供祖先、供天地，祈求在新的一年田园大熟、五谷丰登、受天百禄。此火饭甄为竹胎朱漆描金，腹部凸出一圈，呈“亚”字形，正面绘福禄寿三星、麻姑献寿、五子登科、石榴等吉祥纹饰，背面书“财丁两盛”。

（杨月圆 / 文　游再生 / 图）

◆ 火饭甄上部绘福禄寿三星，福星手拿卷轴，面似富家翁，寓意五福临门；禄星头戴官帽，手持玉如意，寓意高官厚禄；寿星托着寿桃、拄着拐杖，寓意长命百岁

◆ 火饭甄中间突出部位有一组八仙和麻姑纹饰：麻姑腾云伴鹤，手持仙桃，寓意长寿；几位仙人各自手持法器，画面生动形象，寓意吉祥如意、逢凶化吉

民国木雕傩舞面具

年　　代：民国
级　　别：一般文物
藏　　馆：邵武市博物馆

傩舞，古人驱疫逐鬼的一种仪式，形成于商周时期的中原地区。傩舞是历史上最早的舞蹈，广泛流传于各地，具有祭神跳鬼、祈福禳灾的意义，是远古“福”文化的表现形式。邵武傩舞是中原文化、楚文化、古越文化的交汇整合，至迟始于宋代，迄今已传承了上千年，这件木雕傩舞面具就是最好的传承见证。邵武的傩舞有跳番僧、跳八蛮等形式，既保留传统驱疫逐鬼的目的，又增加了祈求丰收、祈福迎祥和休闲娱乐的民俗功能。舞者一般头戴桐木制成的半筒状、或红面獠牙或笑容可掬的面具，脑后缀一红布。起舞时，舞步是奇特的“编辫脚”，先是左脚抬在右脚前，后右脚又抬在左脚前，像编发辫一样扭摆前进。伴舞的人一边不停地用木鱼和红漆木棍敲击，一边不断后踢跳转身。邵武傩舞在面具、服饰和舞蹈动作上都散发着古风余韵，舞者头戴面具，以舞蹈动作走村串户，没有故事情节，没有说唱，保留着原始的傩舞状态。

（李芬 / 文图）

◆ 本件木雕傩舞面具整器平面大体呈方形，神情凶悍，瞪眼，咧嘴，宽鼻，垂耳，额头雕饰火焰纹，发髻、眉毛处抹红彩，其他处抹黑彩，大部分彩已脱落

造 Zào 福 Fú

可移动文物里的福

民国泉州金苍绣文物组

文　　物：民国红地金苍垫绣龙纹桌裙
年　　代：民国
级　　别：一般文物
藏　　馆：中国闽台缘博物馆

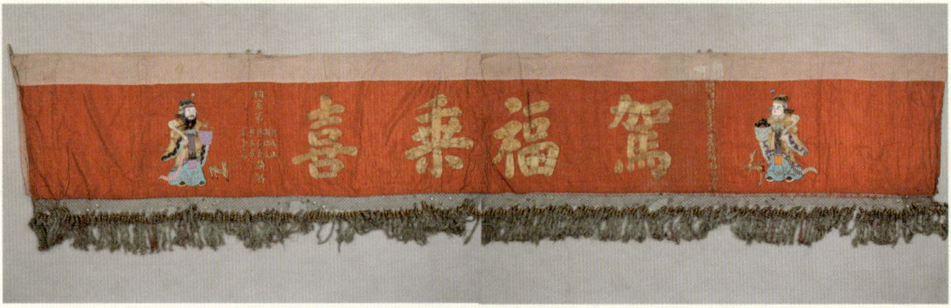

文　　物：民国红缎金苍绣“驾福乘喜”婚庆横彩
年　　代：民国
级　　别：一般文物
藏　　馆：中国闽台缘博物馆

金苍绣是泉州刺绣的代表技法。民间原称金葱绣，后雅化为金苍绣。2009 年，泉州金苍绣技艺被列入福建省第三批非物质文化遗产代表性项目名录。

金苍绣的主要表现题材有人物、珍禽瑞兽、花卉等，其使用范围和场景也很广，用于宗教场所和各类祭拜仪式中，可彰显肃穆庄重的气势；用于岁时节庆和结婚、祝寿等庆典仪式中的桌裙、横彩、绣帐等，能够增添喜庆热闹的氛围；用于地方传统戏剧中，则能使表演更加生动活泼。金苍绣承载着闽南人对神明的虔诚、对亲友的情谊、对幸福生活的向往。他们以金苍绣为载体，用针线诉说着对“福”的追求，彰显出百姓崇福、尚福、祈福、盼福的共同心愿。

◆ 民国红地金苍垫绣龙纹桌裙正中的龙头平视前方，双眼炯炯有神，龙须从鼻翼两侧延伸而出，口吐龙珠，象征祥光普照大地，永不熄灭

文　　物：民国十七年（1928）蓝缎金苍绣花卉蝴蝶蝙蝠纹“叩谢神灵”对襟袍
年　　代：民国
级　　别：三级文物
藏　　馆：中国闽台缘博物馆

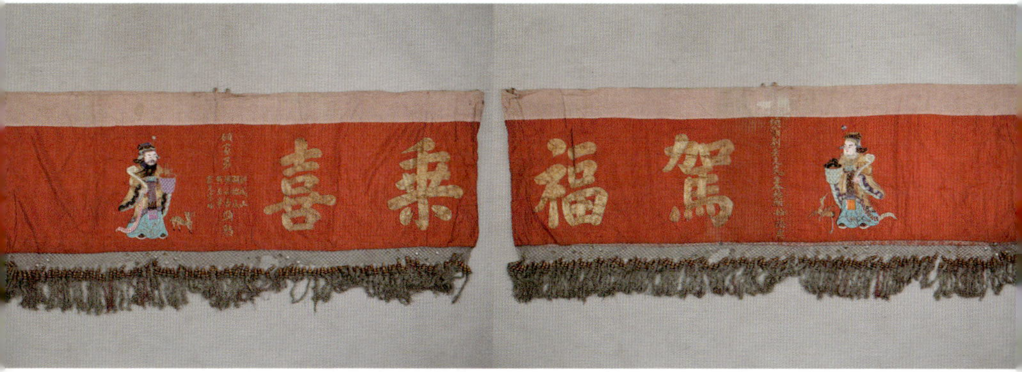

◆ 民国红缎金苍绣“驾福乘喜”婚庆横彩中部金线楷绣“驾福乘喜”，常被用于祝福新人或寿星；左右两侧五彩线金线绣“加官（官帽）进爵（爵杯）”人物，以示对受赠者指日高升、飞黄腾达的美好祝愿

◆ 民国十七年（1928）蓝缎金苍绣花卉蝴蝶蝙蝠纹“叩谢神灵”对襟袍的袍身以五彩线金线绣蝙蝠、蝴蝶、牡丹、海水江崖云纹等纹饰；袖及下摆缀黑缎缠枝花卉纹边饰；领口金线绣凤凰、莲花纹

文　　物：民国红缎金苍绣“福庆”芙蓉锦鸡纹帐眉
年　　代：民国
级　　别：一般文物
藏　　馆：中国闽台缘博物馆

文　　物：民国金苍绣太狮少狮戏球八仙桌裙
年　　代：民国
级　　别：一般文物
藏　　馆：中国闽台缘博物馆

◆ 民国红缎金苍绣“福庆”芙蓉锦鸡纹帐眉中部金线绣芙蓉锦鸡、大象等纹饰，代表吉祥如意、吸财纳福

◆ 民国金苍绣太狮少狮戏球八仙桌裙裙身的牡丹、桃花、蓝缎缠枝花卉、中国结、铜钱等纹样代表民众对福、禄、寿、喜、财、子的祈盼，也有着官运亨通、驱邪除晦、添福纳吉的寓意

（陈晓岚、庄清海 / 文　黄善哲 / 图）

宋建窑黑釉兔毫盏

年　　代：宋
出土位置：南平市建阳区水吉窑址
级　　别：二级文物
藏　　馆：福建博物院

建窑黑釉瓷在烧制过程中，因高温产生窑变，形成“兔毫”“曜变”等灵动的纹样，成为建盏的重要特色，其中兔毫釉在建盏中最为流行，也最具代表性。宋徽宗曾对兔毫盏赞誉有加：“兔毫连盏烹云液，能解红颜入醉乡。”

建盏以其独特的造型与精湛的烧制工艺，历经千年而闪耀。黑釉兔毫盏承载着宋代的风雅与智慧，见证了岁月流转和历史变迁。如今，工匠们将建窑建盏制造技艺代代传承，把对生活的热爱、对美好生活的祈盼与向往融入每一件作品中。他们用双手创造出的建盏已不仅是单纯的茶器，更是艺术的瑰宝，传递着绵延的福泽与祥瑞之意。

（林逸萱 / 文　福建博物院 / 图）

◆ 兔毫盏敞口，微束颈，斜腹，圈足，胎质坚硬，呈灰黑色，内有细长的条状纹，形似兔毛

明漳州窑五彩开光『忠孝廉节』『福』字纹瓷盘

年　　代：明
级　　别：一级文物
藏　　馆：漳州市博物馆

◆ 瓷盘圆唇，敞口，折沿，浅弧腹，内直外斜式矮圈足，足、底粘砂

器内用红、绿、蓝三彩描绘，口沿绘折枝花卉图案，腹部绘花草地四开光文字纹，开光内书“忠孝廉节”，盘底绘双龙火焰图案，盘心为“福”字纹，外壁腹部为红彩双弦纹内绘绶带纹。

漳州窑五彩瓷烧造于明万历时期，以饮食器皿为大宗，用料以红、绿彩为主，鲜艳明快，装饰性强。16 世纪，随着东西方新航路的开辟，漳州月港一跃成为兴盛的国际贸易港口，而漳州窑瓷器作为月港外销商品的一部分，也远销海外。

漳州窑外销瓷纹饰多样，文化内涵丰富，在瓷器“全球化贸易”过程中，这些带有幸福、吉祥寓意的纹饰及它们所反映的中国传统文化和价值观也随之传播到世界各地。

（林登山 / 文图）

明漳州窑素三彩『福』字纹瓷盒

年　　代：明
级　　别：三级文物
藏　　馆：漳州市博物馆

盖为平顶，弧形壁，直口；器身子母口，弧腹渐收，外直内斜式矮圈足。浅黄胎，胎质疏松，施黄、绿彩，呈色淡雅却不单调，颇有质朴雅丽的韵味。盒盖被两道凸起的弦纹分为三部分，分别模印“福”字纹、刻花如意纹和锯齿纹，具有吉祥如意、福泽绵延的美好寓意。

漳州素三彩瓷烧造于明末清初，器形以模仿动植物造型的盒为大宗，色彩淡雅。作为福建省内迄今发现的唯一专烧素三彩瓷器的窑场，田坑窑的烧制技艺虽深受景德镇窑素三彩瓷工艺的影响，却因其独特的外销属性而形成了鲜明的自身特色。它们是漳州窑瓷器外销商品中的一个重要组成部分，在海上丝绸之路以及中国海外贸易史上有着重要地位。

（林登山 / 文图）

◆ 瓷盒盒盖及器身细节

清绿釉『福』字纹瓷印盒

年　　代：清
级　　别：三级文物
藏　　馆：厦门市博物馆

此印盒为模制，盒盖顶面有两道凸起弦纹，弦纹内侧中心模印行草“福”字，流畅有力，弦纹外侧围有一圈铜钱纹，有招财进宝、大富大贵之意。盒外壁有四朵代表品德高洁的梅花纹饰凸起，图案细致，具有立体感。

此印盒为漳州窑的外销瓷器。漳州窑素三彩瓷器是一种釉上彩瓷，以素色为主，具有呈色淡雅、清新的特点，有古典美的韵味。漳州窑素三彩瓷器的器型主要以香盒为主，创烧于明代，在明清时期作为外销瓷经漳州月港远销日本、东南亚等地，主要作为日本茶道添碳燃香表演中的必需品，在装香团和香料时使用。

（欧泓妙 / 文　龚健 / 图）

◆ 印盒有圆形平顶盖面，浅弧腹斜收，矮圈足，子母口；器表外通体施绿釉，不及底，釉面莹亮，器底露胎

清连城李屋窑青花『福如东海』『寿比南山』瓷茶壶

年　　代：清

级　　别：一般文物

藏　　馆：龙岩市博物馆

◆ 茶壶直口，圆唇，短颈，丰肩，弧腹下收，矮圈足，通体开片

该瓷壶壶身正面和背面绘有青花花卉图，两侧分别绘“福如东海”“寿比南山”字样。壶中绘“福”，即壶中纳“福”，寓意“福中福”，富贵吉祥，福气盈门。

“壶”与“福”古音相同，壶作为日常器具，天然沾“福”的光，有招财纳福之意。而瓷壶两侧的“福如东海”“寿比南山”字样则寓意福长寿永。“福寿”作为装饰主体元素出现在瓷壶上，充分表现了人们对幸福长寿、平安喜乐的美好祈愿。

（龙岩市博物馆 / 文图）

清德化窑瓷箫

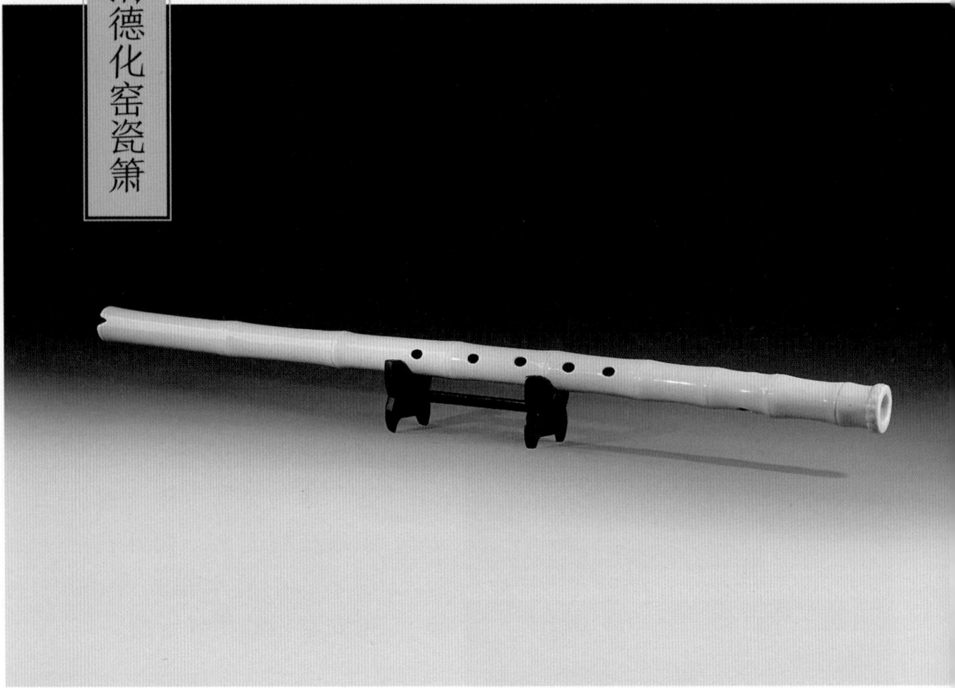

年　　代：清

藏　　馆：福建民俗博物馆

该瓷箫呈竹节式，上端有吹口，箫身有 5 个音孔，通体施白釉，产于德化窑。清初陆廷灿的《南村随笔》曾记载：“德化瓷箫，色莹白，式亦精好，但累百枝无一二合调者，合则其声凄朗，远出竹上。”因此它们既是理想的乐器，又是可供陈设、欣赏的艺术品。

洞箫是泉州南音演奏的主要乐器之一，而南音是中国现存最古老的乐种之一，被誉为中国民族音乐的“活化石”。2006 年南音与德化瓷烧制技艺被同时列入第一批国家级非物质文化遗产名录。南音是闽南人心中的“福音”，是历史留下的文化瑰宝。它不仅深深植根于闽南大地，更跨越重洋，在菲律宾、新加坡、马来西亚、越南等地落地生根，成为连接海外侨胞与故土乡情的重要文化纽带。瓷箫悠扬，诉说着游子心中挥之不去的乡愁；南音婉转，吟唱着绵延不绝的福韵乡情。

（郑欣 / 文　福建民俗博物馆 / 图）

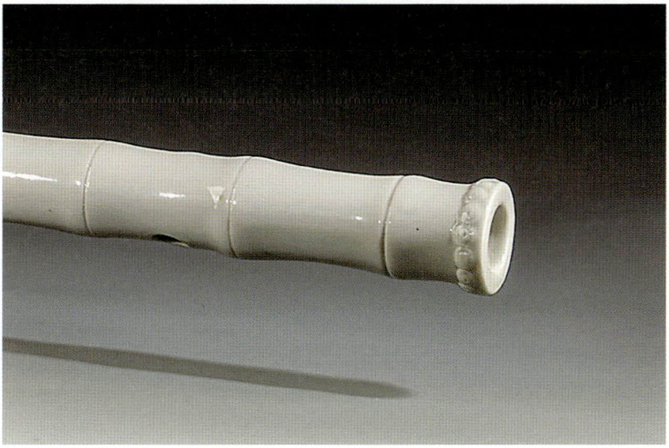

吹口细节

泰宁窖藏银器文物组

文　　物：宋鎏金錾刻双狮戏珠八角银盘
年　　代：宋
出土时间：1991 年
出土位置：三明市泰宁县胜利街
级　　别：一般文物
藏　　馆：泰宁县博物馆

泰宁县地处福建闽北山区，曾为客家两次南迁重要的中转地。客家人带来了先进的中原文化，至两宋时期，泰宁经济和文化达到顶峰，拥有“汉唐古镇，两宋名城”之美誉。经济文化的蓬勃发展，提升了泰宁人民对美好生活的憧憬和向往，这点在泰宁县胜利街出土的这一组窖藏银器中得到了充分反映。

1991 年，泰宁县胜利街一处民房的主人在挖宅基地时发现了一个陶罐，内藏十几件银器，器型分别有盘、盏、杯、壶、炉等。这些银器通体鎏金，纹饰精美，寓意丰富。

宋鎏金錾刻双狮戏珠八角银盘纹饰细节

文　　物：宋鎏金錾刻螭狮纹八角银杯
年　　代：宋
出土时间：1991 年
出土位置：三明市泰宁县胜利街
级　　别：三级文物
藏　　馆：泰宁县博物馆

◆ 宋鎏金錾刻螭狮纹八角银杯为弧腹圜底，八角形口、足；内底中心錾刻单狮戏球图，象征着驱邪消灾、好事将至；器外壁口沿下錾刻龟背锦地纹，取健康长寿之寓意；腹部饰变体夔龙，象征着尊贵、权威、富贵和吉祥

文　　物：宋鎏金錾刻“寿比蟠桃”桃形银杯
年　　代：宋
出土时间：1991 年
出土位置：三明市泰宁县胜利街
级　　别：一般文物
藏　　馆：泰宁县博物馆

从功能上看，这组银器应为酒器，其中八角银杯和八角银盘应为一套盘盏，桃形银杯为劝杯，三果银盘为果盘。古今酒宴一般都分为两个阶段，即尽礼和尽欢。尽礼阶段是主人依据宾客长幼顺序依次敬酒、宾客回礼的阶段，八角银杯和八角银盘为尽礼阶段所用酒器。尽欢阶段则是在尽礼阶段完成后，各自敬酒或罚酒、尽情饮酒之时，桃形银杯和三果银盘就用于这个阶段。

从造型纹饰上看，这组酒器也带有浓厚的祝福、祈福之意。其中“狮子戏球”纹饰意为“仕（事）事如意”，祝福用此杯饮酒者仕途顺利、诸事顺心；“寿比蟠桃”纹饰表达了对长辈福寿绵长的祝愿；“瓜瓞绵绵”纹饰则用于祝颂子孙昌盛、福泽绵延。古人在酒宴杯觥交错之时用祝福之器，说祝福之语，饮祝福之酒，说明祈福文化早已深深地融入百姓的日常生活。

◆ 宋鎏金錾刻“寿比蟠桃”桃形银杯的杯腹正中有“寿比蟠桃”四字篆书，有健康长寿之寓意，当为寿筵敬酒之劝杯

文　　物：宋鎏金錾刻三果圆形银盘
年　　代：宋
出土时间：1991 年
出土位置：三明市泰宁县胜利街
级　　别：一般文物
藏　　馆：泰宁县博物馆

宋鎏金錾刻三果圆形银盘的盘沿錾刻忍冬纹，取植物本身不畏严寒、凌冬不凋的特征，蕴含多寿多福、长生万年之意；盘内心压模高浮雕，有象征多子多福的石榴、意喻吉祥如意的柑橘以及暗示生活美满、瓜瓞绵绵的西瓜

（朱俊杰 / 文　叶仁智 / 图）

南宋银鎏金『踏莎行』人物故事八角杯

年　　代：南宋
出土时间：1980 年
出土位置：邵武市水北镇故县村庵窠窖藏
级　　别：一级文物
藏　　馆：邵武市博物馆

◆ 杯心錾刻《踏莎行》

杯体银质，通体鎏金，八角口，卷沿，深腹，八角足。器内近口沿处錾刻弦纹、卷草图案，杯心錾刻《踏莎行》词一首，纵向楷书，錾点成字，计六十一字。器外壁分八面开光，表现杯内所刻《踏莎行》词意的连续画面。中格压印新科状元骑骏马、执仙桂、游花市的凸花画面，构图活泼，将《踏莎行》的词境表达得淋漓尽致，蕴含对金榜题名、前程似锦的企盼。

银鎏金八角杯与其他普通金属器相比，打破了传统吉祥图案与文字的“福”文化表现形式，结合时代的文化特征和幸福追求，錾刻诗词，着意显示自身别具的人文、艺术价值，成为绵延长久、当之无愧的传世珍藏。这种饱含中华民族独特诗书文化的艺术表达，通过与金银器物的完美融合，生动展现了科举制度下莘莘学子对金榜题名、光耀门楣的深切期盼，也将古人的价值追求与艺术审美展现得淋漓尽致。

（李芬 / 文　陈青燕 / 图）

清金漆木雕文物组

文　物：清金漆木雕人物龙纹桌灯
年　代：清
级　别：一级文物
藏　馆：莆田市博物馆

文　物：清金漆透雕菓盒
年　代：清
级　别：一级文物
藏　馆：莆田市博物馆

莆田木雕工艺向来以“精微透雕”著称，风格精致细腻，古朴典雅。它兴于唐宋，盛于明清，风格独特，自成流派。2011年莆田木雕被列入第三批国家级非物质文化遗产名录。

清金漆木雕人物龙纹桌灯，器身可分为两部分，上为灯身，下为底座，灯身部分仿亭台结构，中空。整器以金色漆为主，辅以红、黑、褐色漆，雕工精美，细节丰富，曾作为祭祀用具在庙宇中使用。

清金漆透雕菓盒，器身上为菓盒，下为底座，菓盒呈筒形，中空。通体漆金，间有红、黑色漆，曾作为传统祭祀活动中盛放水果的祭器在庙宇中使用。菓盒上雕刻的缠枝纹、瓜果纹、凤凰、鲤鱼跳龙门、如意形、狮首等无不寄托着人们对赐福镇宅、吉祥如意的美好心愿。

◆ 龙纹桌灯顶部有烟孔

文　　物：清金漆木雕文字长方形带盖菓盒
年　　代：清
级　　别：三级文物
藏　　馆：莆田市博物馆

文　　物：清金漆木雕文字长方形带盖菓盒
年　　代：清
级　　别：三级文物
藏　　馆：莆田市博物馆

第一件清金漆木雕文字长方形带盖菓盒，子母口，无底中空。盖面黑漆地漆金刻竹子及诗题款，菓盒侧面刻百“福”；盒内顶面朱红地漆金雕八组折枝花果，其中四组果实、叶片雕成内凹状，作盛物之用。另一件长方形带盖菓盒，同为中空，顶板上朱红地漆金浮雕八组折枝瓜果，并凿出莲花形孔，内凹处为盛物之用。盒身侧面饰三层漆金透雕花板，外层透雕百“福”，内层透雕金钱纹底板。百“福”、竹子、折枝花果、金钱纹等纹样，表达人们对多子多福、节节高升的美好希冀。

祭祀对于福建人来说是重要的民间习俗，宗族观念也在福建先民的不断迁徙中逐渐形成并根深蒂固。它影响着福建人的一生，教导他们孝字为先、团结互助、饮水思源。在庄重的祭祀仪式中，人们精心选用最为精美的金漆木雕礼器，这些承载着精湛工艺的艺术品不仅体现了对祖先与神明的崇高敬意，更寄托着世世代代福建人对美好生活的深切期盼。

（莆田市博物馆 / 文图）

◆ 菓盒侧面刻有百“福”

清红木太师椅

年　　代：清

藏　　馆：福州市博物馆

攒框镶心，独板做面，直后背，面上靠背、扶手以走马销活榫卯连接，空当处做博古不断纹。

太师椅在清末至民国时期的福州地区非常流行，为常见的家具用品之一，不仅数量多、质量好，而且制造工艺精美。清代通常把太师椅的靠背板、扶手与椅面间做成直角，样式庄重严整，用料厚重，宽大夸张。这些特征都是为了凸显主人的地位和身份，基本脱离了舒适的功能性目的，而趋向于体现尊贵、庄严的象征性目的。这张太师椅制作工艺明显反映了清末的风格特点。

（沈旭东 / 文图）

◆ 背板透雕蝙蝠以及如意、菱角、石榴等瓜果，寓意瓜瓞连绵、福寿绵长

清金漆木雕『福』『寿』挂屏

年　　代：清
级　　别：一般文物
藏　　馆：泰宁县博物馆

◆“寿”挂屏

此金漆木雕挂屏采用杉木材质、漆金工艺，由“福”“寿”两块组成，为祝寿礼。挂屏四角雕刻八仙及“暗八仙”。周边还缀有蝴蝶、祥云等纹饰，“蝴”与“福”谐音，又可以象征爱情，寓意夫妻互敬互爱；“蝶”与“耋”同音，同“寿”字组合，含有富贵、长寿的寓意，是对主人家福寿双全的美好祝愿；蝴蝶图案与祥云纹同现，象征洪福吉祥相继而来。此挂屏精巧雅致、高雅华贵，堪为古典美学的绝佳代表。

中国人自古以来就追求福寿双全，认为人一生的最高目标就是实现福寿双全。祝寿这一习俗从唐代开始流行，是晚辈祝愿长辈长寿的一种活动，也体现了浓浓的亲情和中华民族的传统美德。

（陈博 / 文　叶仁智 / 图）

民国金漆木雕行书七言楹联

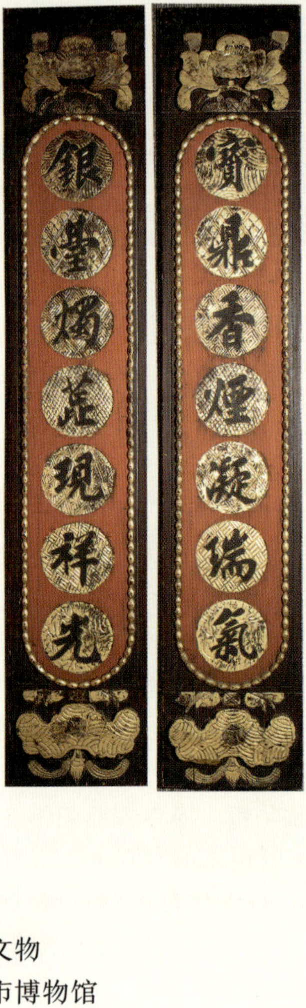

年　　代：民国
级　　别：一般文物
藏　　馆：漳州市博物馆

楹联又称春联、对联，一般都是成套出现，是一种对偶文学形式，源于桃符。对联往往言简意深、对仗工整、平仄相对、字数相等、结构相同，是一种独特的艺术形式，也是中华传统文化的瑰宝。

此木雕楹联雕制于民国时期，两件成对，竖长方形，上部雕饰蝠纹，下部雕饰蝶纹，象征着幸福美满、长寿安康。中部以连珠成框，框内题书“宝鼎香烟凝瑞气，银台烛蕊现祥光”行书七言，描绘了一派喜庆祥和的气氛。整体布色简洁而厚重，华丽气派。

明清时期福建木雕工艺发展兴盛，巧夺天工者不乏其中，木质楹联在当时亦作为匠人艺术传承的主要施技对象而惊艳于时光。

（林登山 / 文图）

◆ 楹联上部雕饰蝠纹，下部雕饰蝶纹

南朝寿山石猪

年　　代：南朝
出土时间：1954 年
出土位置：福州市仓山区乐群路南朝墓
级　　别：一级文物
藏　　馆：福建博物院

此组石雕猪的嘴圈上拱，鼻孔内凹，双眼阴刻，双耳浮凸，臀部略呈方角，没有尾巴，以侧刀、弧线雕琢前、后脚，整体呈卧伏状，肌肉丰满，立体感强。

猪素有“乌金”之名，在中国传统文化观念中，是福气与富足的象征。汉字“家”当中的“豕”，就是以猪指代家畜。在古代祭祀活动中，猪亦是“家”的代表，因而被赋予人们对人生幸福的向往与追求，成为必备之饩牢。以寿山石雕刻的猪形之物作为祈求冥福的殉葬品，说明1 500多年前的福建先民已有了定居的农耕文明，开始了安居乐业的生活。

时代在变化，寿山石雕的题材、技法也同样在变，但寿山石的文化内涵一直没有变，石头上镌刻的，是中国人对家庭幸福、国家安宁的永恒追求。

（林逸萱/文　福建博物院/图）

◆ 寿山石猪侧面细节

民国寿山田黄冻石
王雷霆薄意印章

年　　代：民国
藏　　馆：福建民俗博物馆

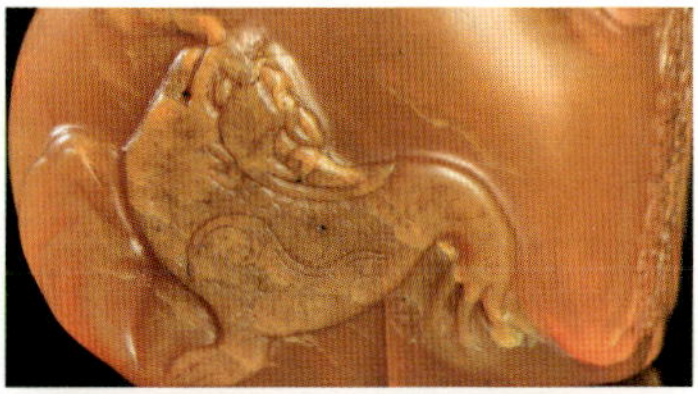

◆ 印章正面的金蟾纹饰及侧面篆书诗句

该田黄冻石以金蟾为主题纹饰，金蟾立于山石之上，翘首仰望明月，口中吐出的祥云升腾而上，空中有蝙蝠盘旋，灵动自然。田黄冻石侧面雕有篆书诗句，“月蟾生彩霞，云福喜朝天”，是对正面纹饰的解析，其中“云”字以如意云纹巧妙代替，寓意吉祥。

寿山石产自福州市北郊寿山村，是中国四大印石之一。闽地多福山，福山孕福石，唯有“有福之州”才有幸拥有这温润如玉、晶莹剔透的美石。田黄石更是寿山石中的瑰宝，俗语说：“黄金易得，田黄难求。”田黄石肌理细密，色泽温润，因其独石分散，无脉可寻，尤为稀有珍贵。而田黄冻石作为田黄石中的最上品，其质地犹如凝固的蜂蜜，通透澄澈，堪称藏家梦寐以求的至宝。

（杨晨/文　福建民俗博物馆/图）

南宋海船残体

年　　代：南宋
出土时间：1974 年
出土位置：泉州市后渚港
藏　　馆：福建省泉州海外交通史博物馆

这是一艘多桅、多舱、多层板的福船型远洋木帆货船，船身残长 24.2 米，残宽 9.15 米，呈尖底造型，船身扁阔，平面近椭圆形，尾方，正是中国宋代福船的特征。该船采用水密隔舱技术，用 12 道隔舱板将全船分成 13 个舱，舱与舱之间互相独立，形成密封不透水的结构形式，水密程度高。整艘船容载量大、结构坚固、稳定性好、抗风力强，适宜远洋航行。2008 年，水密隔舱福船制造技艺被列入第二批国家级非物质文化遗产名录。

◆ 水密隔舱采用榫接、艌缝等核心技艺，使船体结构牢固

◆ 保寿孔细节

船体主龙骨两端横断面均挖有象征吉祥的保寿孔。上部七个小圆孔状若北斗星，里面各放置一枚铜钱或铁钱，下部有一个大圆孔为满月形，里面放一面铜镜，象征七星伴月，也有明镜照亮七星洋的暗礁险滩，使船得以安全航行之意。

宋元时期，泉州港对外贸易繁盛，曾以“刺桐港”驰名海内外，为国际性贸易大港之一。泉州湾宋代海船的发掘，掀开了海湾考古新篇章。这是中国第一艘经过科学发掘后陈列的海船，为宋代泉州木帆船结构的研究提供了鲜活的实物资料，向人们展示了宋元泉州海外贸易的繁荣局面。

（傅宝玲 / 文　成冬冬 / 图）

海船底部木板以樟木、松木、杉木为主要材料

享 Xiǎng 福 Fú

可移动文物里的福

粿印文物组

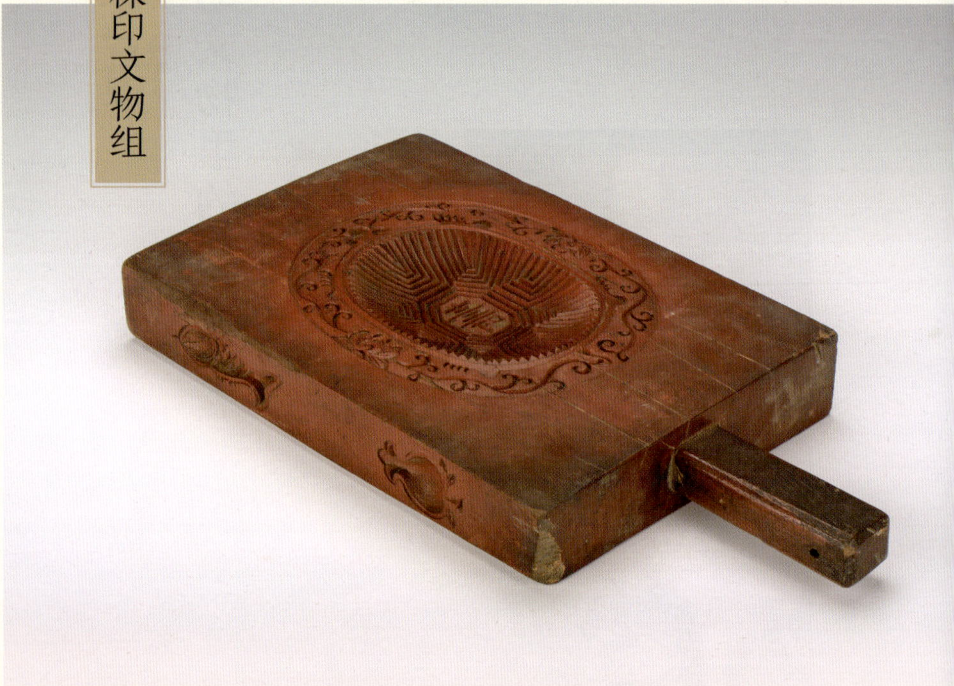

文　　物：清木雕各式花果长方形粿印
年　　代：清
级　　别：三级文物
藏　　馆：漳州市龙海区博物馆

粿印是闽南地区制作糕点的木模子，粿印所做出来的糕粿一般用于庙宇祭祀祈福、新生儿满月等喜庆仪式上。粿印不仅是生活的衍生品，更是一种民间艺术的创新。人们将生活和艺术相结合，通过一个个造型各异、花纹精美、寓意深远的图案，寄托自己对生活的美好希冀。

此木雕粿印为长方形，杉木制带柄。正面雕刻椭圆形，内区挖凹龟背造型，中央为“寿”字，外区雕刻缠枝花卉图案。背面雕刻寿桃与束腰状龟形图案，侧面雕刻鱼、钱串、荔枝、石榴等图案。其中，龟背形和桃形寓意长寿延年；石榴纹样则代表多子多福，寄托了儿女孝顺、家族兴旺的愿望；钱串形表示财源滚滚；鱼形意为年年有余。

（翁得禄 / 文图）

◆ 清木雕各式花果长方形粿印侧面及背面细节

文　　物：民国椭圆形带柄单面雕“福”字木饼印
年　　代：民国
级　　别：一般文物
藏　　馆：中国闽台缘博物馆

文　　物：民国长方形带柄单面雕“福”菊图木粿印
年　　代：民国
级　　别：一般文物
藏　　馆：中国闽台缘博物馆

◆ 民国椭圆形带柄单面雕“福”字木饼印边牙为圆形菊花瓣纹，内阴刻菊花瓣纹和花蕊，中间阴刻“福”字，为中秋制作月饼的器具

◆ 民国长方形带柄单面雕“福”菊图木粿印正面刻圆形菊花瓣纹边牙，中间阴刻菊花，中间为“福”字图案，为岁时节庆及祝寿时制作糕点所用

木粿印造型有方形、圆形、椭圆形、长条形等，以圆形较多，取圆满吉祥的寓意。在印模图案中，人们把祈求生活美满的心愿利用谐音、移情、引申等方式呈现，或者结合中国民间传说、戏曲典故，以简约的几何纹图案，转化为粿印上趋吉辟邪的图案。

文　　物：民国长条形二片合单面雕“福禄寿囍”木印模
年　　代：民国
级　　别：一般文物
藏　　馆：中国闽台缘博物馆

◆ 民国长条形二片合单面雕“福禄寿囍”木印模中两个委角方形印模中心分别刻有“福”和“禄”，周围环绕四只蝴蝶和四朵莲花；两个圆形印模中心分别刻有“寿”和“囍”，周围环绕八只蝙蝠，为婚庆时所用

文　　物：清德化窑白釉“福”字龟纹瓷粿印
年　　代：清
级　　别：一般文物
藏　　馆：中国闽台缘博物馆

粿印不仅蕴含美好的寓意，还丰富了民间传统饮食文化形式。闽南及台湾地区临海，民众以海为田，靠出海捕鱼为生，因此海洋中长寿的龟就被百姓视为代表“福禄寿囍”的瑞兽。闽南地区流传的谚语“切龟尾，年头好到年尾”，就是指吃红龟粿能带来好彩头。于是龟粿成为闽南及台湾地区用途最广、最富有地域特色的祭祀供品之一，相应的龟粿印模也成为重要的饮食用器具。

（李云煌、庄清海 / 文　黄善哲 / 图）

◆ 清德化窑白釉“福”字龟纹瓷粿印为圆柱形，正反双面，一面刻龟背纹，四周阳刻螺旋纹，中间阴刻“福”字，一面阴刻桃型图案，通体施青白釉

清乾隆豆青青花『五福捧寿』纹葵口瓷盘

年　　代：清

级　　别：一般文物

藏　　馆：南平市博物馆

瓷盘敞口，仰宽沿，葵边，浅腹。施豆青地青花，釉面光滑莹润，盘口沿一周饰有八条变形螭纹，豆青釉上饰有“五福捧寿”纹。蝙蝠与“福”谐音，寓意福寿延绵、福从天降。整体纹饰层次分明，错落有致，将蝙蝠纹和“寿”字纹与吉祥文化完美融合，兼具视觉美感与吉祥寓意。

为什么蝙蝠是五只呢？“五福”之说源自中国古代，据《尚书·洪范》篇载：“五福”一曰寿，二曰富，三曰康宁，四曰攸好德，五曰考终命。在“五福”中，寿是最重要的，所以“五福捧寿”把寿放在中心的位置上。此外，古人也认为蝙蝠是象征长寿的动物，因此将蝙蝠与对延年益寿、长命百岁的渴望联系起来。

（谢叶云 / 文　林正锋 / 图）

◆ 底部落青花“大清乾隆年制”六字三行篆书款

清青花粉彩龙纹花口瓷盘

年　　代：清
来　　源：林华明捐赠
捐赠时间：1984 年
级　　别：一般文物
藏　　馆：政和县博物馆

瓷盘釉上粉彩，八瓣花口，浅腹。盘内着嫩黄色彩底，满绘花卉，底部绘一回首兽身花尾彩龙，外壁绘三朵折枝花卉。圈足较高并外撇，两线间饰青花缠枝蔓草一周，外底有一记方形“大清同治年制”篆书款章。整个瓷盘无论是颜色还是图案都透着喜庆、吉祥、尊贵的信息。

清代粉彩瓷器自康熙年间创烧以后，到雍正时期达到鼎盛，并成为瓷器业的主流产品，造型多样，纹饰吉祥，清逸艳丽。粉彩的纹饰讲究“图必有意，意必吉祥”，福寿、喜庆、娱乐场景是装饰的主要题材，受到了上至皇帝下至百姓的普遍喜爱。

（吴代花 / 文　宋德华 / 图）

◆ 瓷盘底部的神龙腾空跃起，须发飞扬，龙体刚健，利爪遒劲

清粉彩什锦九子盘

年　　代：清

藏　　馆：福建民俗博物馆

◆ 副盘与主盘纹饰细节

主盘为八边形黄地轧道粉彩花卉纹盘，八个副盘内分别绘各色花卉、山水、印章等纹样，造型别致，制作精巧，组合严谨，是一组实用性与观赏性完美结合的艺术品。其中皮球花纹饰起源于团花，装饰效果更加生动活泼，有“花团锦簇”之意，寄托着人们对美好生活的向往。

九子盘由内外两层九件小碟相攒而成，民间又称“攒盘”。九子盘多为瓷质，经常会出现在各种喜庆的重要场合。婚庆嫁娶时，主人常常会在果盘里摆上红枣、花生、桂圆、瓜子等，蕴含着对新人早生贵子的期盼。九子盘不仅在节庆日子里为主人家增光添彩，更烘托着主客之间的深厚情谊和对彼此的美好祝福。

（李洁 / 文　福建民俗博物馆 / 图）

唐珍禽瑞兽葡萄镜

年　　代：唐
级　　别：二级文物
藏　　馆：福建博物院

镜背伏兽纽，纽外以凸圈分为内外两区，均以缠枝葡萄为地纹。缘口内斜，周饰如意头纹。镜面呈银白色，光亮可鉴。

瑞兽镜流行于盛唐，珍禽瑞兽葡萄纹是当时最受欢迎的纹样之一。葡萄因其枝繁叶茂、果实累累，常被赋予子孙绵长、家庭兴旺的美好寓意。珍禽瑞兽则被视为具有辟邪神力。珍禽瑞兽葡萄纹将两种元素巧妙融合，构建出一幅极具想象力的画面。

“以铜为鉴，可以正衣冠。”铜镜是古人重要的生活用品之一，镜背往往装饰有图案或者铭文，这些艺术创造不仅凝结各个时期铸造者的匠心，更能反映当时的社会思想。时光流逝，如今铜镜早已退出了历史的舞台，但它们依然向我们诉说着古人对美好生活的期许，以及中华文化的兼收并蓄、海纳百川。

（万晶迎 / 文　福建博物院 / 图）

◆ 内区五只瑞兽姿态各异，外区饰珍禽，点缀蜻蜓、蝴蝶等

清玉发簪

年　　代：清
级　　别：三级文物
藏　　馆：漳州市龙海区博物馆

中国传统文化中有“身体发肤，受之父母，不敢毁伤”之说，古人对于头发极为珍视，头发长了不敢随意剪短，而是要束在头顶挽成发髻，最后用发簪固定起来。发簪便成了古代日常生活中最常用的绾髻之具。

除了充当发饰以外，发簪也是身份和地位的象征，因此在古代，平民百姓和豪门贵族所使用的发簪质地有很大差异。发簪的式样也颇为丰富，多体现在簪首部分。常见的制为簪首的动物造型有龙、凤、麒麟、燕雀、蝴蝶等，其中以凤簪最多，制作也最为精致；又有蝙蝠、灵芝、佛手、石榴、游鱼等各式吉祥纹饰，美不胜收。发簪不仅是匠人智慧的结晶，更展现了中国古代的首饰文化。

（翁得禄 / 文图）

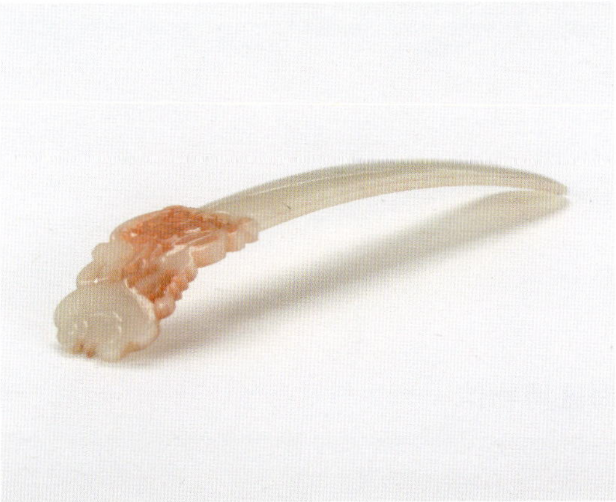

◆ 发簪为灰白色，有红色沁，簪略呈月牙形，簪首呈长方扁条形，透雕着一个寿桃形的草书“寿”字，上方饰蝠纹

清白玉雕蝙蝠花片

年　　代：清
级　　别：三级文物
藏　　馆：漳州市龙海区博物馆

此花片略呈圆形，浅灰色。上面雕刻牡丹花卉，下面雕刻蝙蝠，四周又以缠枝花骨架镂空衔接，线条极为流畅。

自古以来牡丹花因雍容华贵，被誉为“花中之王”，有吉祥富贵的寓意。而蝙蝠在中国传统文化中也是最为常见的装饰图案之一，寓意“福到”“遍福”，象征福气绵延无边。

在古代，人们还认为玉有辟邪祈福的作用，因此它也成为日常佩戴饰品常见的材质之一。玉，生于山川之间，吸天地之精华，经岁月之雕琢，方显其温润与坚韧。古玉斑驳的纹理间仿佛镌刻着一段段尘封的往事，诉说着古人对美的执着与憧憬。

（翁得禄 / 文图）

◆ 花片蝙蝠纹细节

清玉雕云蝠如意片

年　　代：清
级　　别：三级文物
藏　　馆：漳州市龙海区博物馆

◆ 玉片为浅绿色，有絮状斑，呈椭圆形

玉片正面阴雕着数朵祥云，云中有蝙蝠斜俯作飞翔而下之势，线条分明，刀工飘逸，乍看之下有仙气萦绕之感，细品之余则蕴含着先哲们观物取象的深意。

中国人对于艺术的表现从来不拘泥于写实，而注重写意。正所谓："蝙蝠从来不拘形，如龙似虎方称奇，虎头云耳身似鼠，两翅斜飞有高低。"这件玉器上的图雕对蝙蝠翅膀及耳朵的刻画均以圆滑的云纹表现，恰到好处地与四周的祥云纹饰相互呼应，组合成一幅祥和如意的图案，寓意着福从天降，有贵人扶持相助之意。

（翁得禄 / 文图）

清岫玉『寿』字花牌

年　　代：清
级　　别：三级文物
藏　　馆：漳州市龙海区博物馆

中国是世界上重要的产玉大国，素有“玉石之国”的美誉。作为中国历史上四大名玉之一的岫玉，因产于辽宁岫岩，又名岫岩玉。岫岩玉雕的生产始于清乾隆年间，渐兴于道光、咸丰时期，主要以小件制品为主。经过历代玉雕工匠的推陈出新，逐渐形成了以立体圆雕、浮雕为主，辅以线刻、镂雕、透雕等技法的独具浓厚地方特点的艺术风格。

这件清岫玉“寿”字花牌略呈扁圆形，透雕工艺精良，造型上厚重古朴而又不失典雅，严谨统一而又极富变化，以篆体“寿”字为中心，左右由一对抽象化的香草龙缠绕拱卫，下方雕有一只仰首展翅的蝙蝠，生动传神。“蝙蝠拱寿”有福寿延年之意，而龙又被视为吉祥兴隆的象征，因此这件花牌也有着福寿兴隆的寓意。

（翁得禄 / 文图）

◆ 花牌背面

清透雕玉佩组

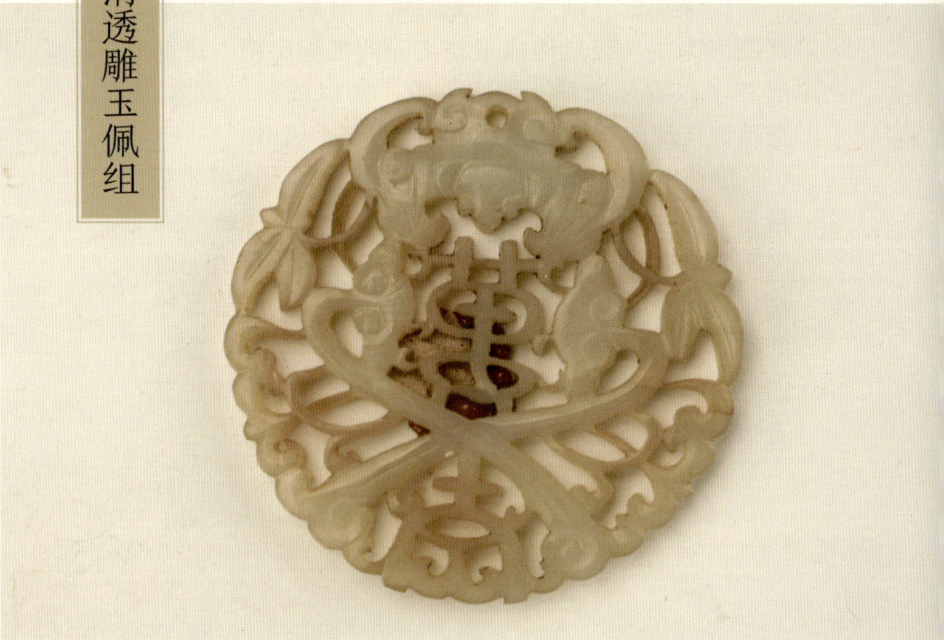

文　　物：清透雕万福如意纹圆形玉佩
年　　代：清
级　　别：三级文物
藏　　馆：长汀县博物馆

中国人对玉的喜好自古有之，在古代，“君子无故，玉不去身”“君子比德于玉焉”。玉器作为配饰之一受到大众喜爱，不仅因其温润的质感和清丽的色泽，更因其表面雕刻的图案。人们戴玉石的初衷也多是为了通过玉器上的吉祥纹饰来达到护体祈福、求吉呈祥、消灾免难的效果。

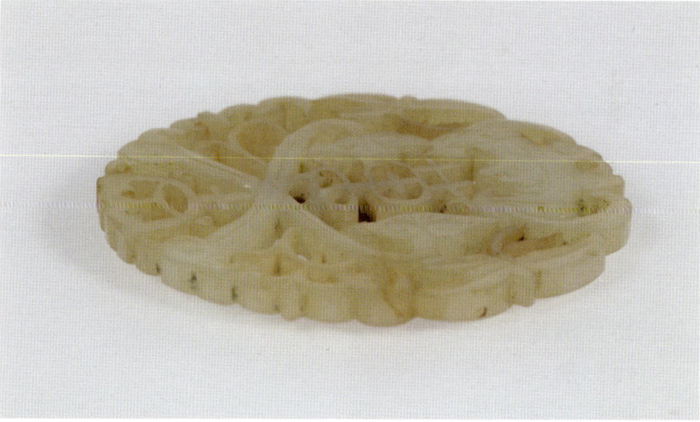

◆ 清透雕万福如意纹圆形玉佩为白玉，双面透雕，“万”字居中，四周环绕蝙蝠、如意、团寿纹、缠枝纹等纹样，寓意万福如意、福寿双全

文　　物：清透雕蜘蛛蝙蝠纹玉佩
年　　代：清
级　　别：三级文物
藏　　馆：长汀县博物馆

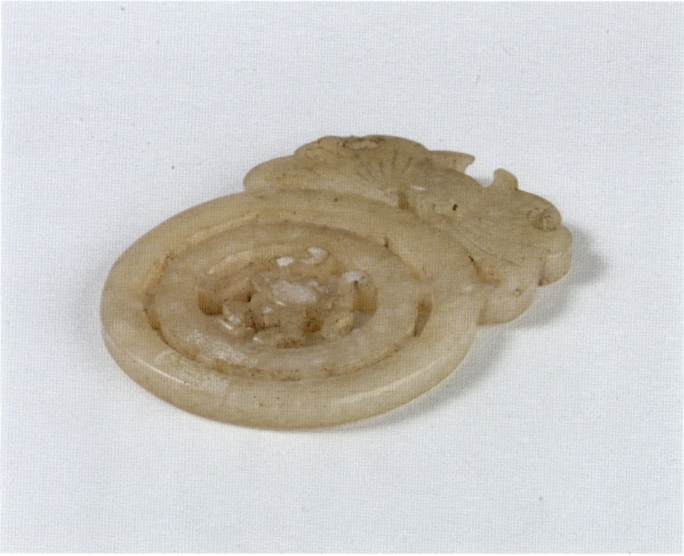

◆ 清透雕蜘蛛蝙蝠纹玉佩为青玉，双面透雕蝙蝠和蜘蛛纹，寓意喜事盈门、知足常乐、财源滚滚

因此，玉石与“福”的结合，成了完美之作。在吉祥图案中，蝙蝠因与“遍福”谐音，成为与“福”相关的动物。除蝙蝠外，蜘蛛在中国传统文化中也是一个喜庆的象征。民间认为蜘蛛能够预示喜事，有别称蟢子、喜蛛，因“蟢”与“喜”谐音，所以蜘蛛也就成了兆喜的吉祥物了，寓意喜从天降、抬头见喜或福自天来。

文　　物：清透雕福寿龙纹玉佩
年　　代：清
级　　别：三级文物
藏　　馆：长汀县博物馆

◆ 清透雕福寿龙纹玉佩为白玉，双面透雕龙形纹、蝙蝠和“寿”字，寓意福寿双全、富贵吉祥

文　　物：清透雕福庆有余纹锁形玉佩
年　　代：清
级　　别：三级文物
藏　　馆：长汀县博物馆

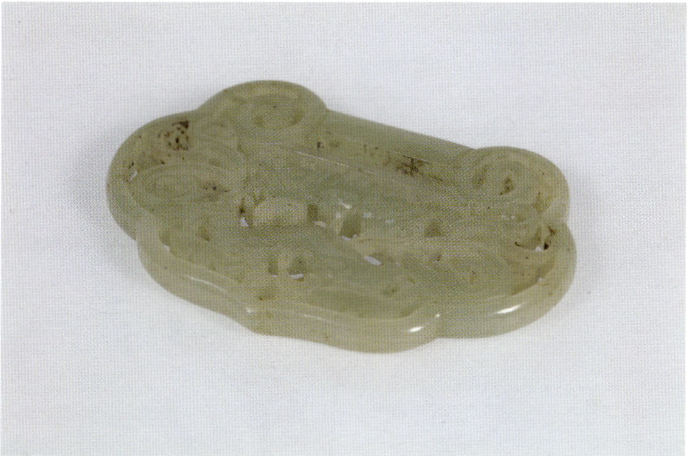

◆ 清透雕福庆有余纹锁形玉佩为青玉，如意头锁形，双面透雕蝙蝠、如意、缠枝纹，寓意福庆有余

（李鸿 / 文图）

文　　物：清透雕双龙福寿玉佩
年　　代：清
级　　别：三级文物
藏　　馆：莆田市博物馆

◆ 清透雕双龙福寿玉佩为青白玉，双面雕，顶端雕蝙蝠，寓意福寿双全；中间镂雕“寿”字，周围对称雕双夔龙，下端雕如意云头

汉代以后，玉器逐渐普及，雕镂精工，异彩纷呈。但多为陈设器物或生活用品。明清是玉文化繁荣的时代，民间盛行佩带各种玉制佩饰。随着朝代更迭，社会变迁，特别是商业的发展，佩饰的装饰性越来越强，玉佩也成为寄意标高的玩赏之物。这种风气，晚清尤盛。

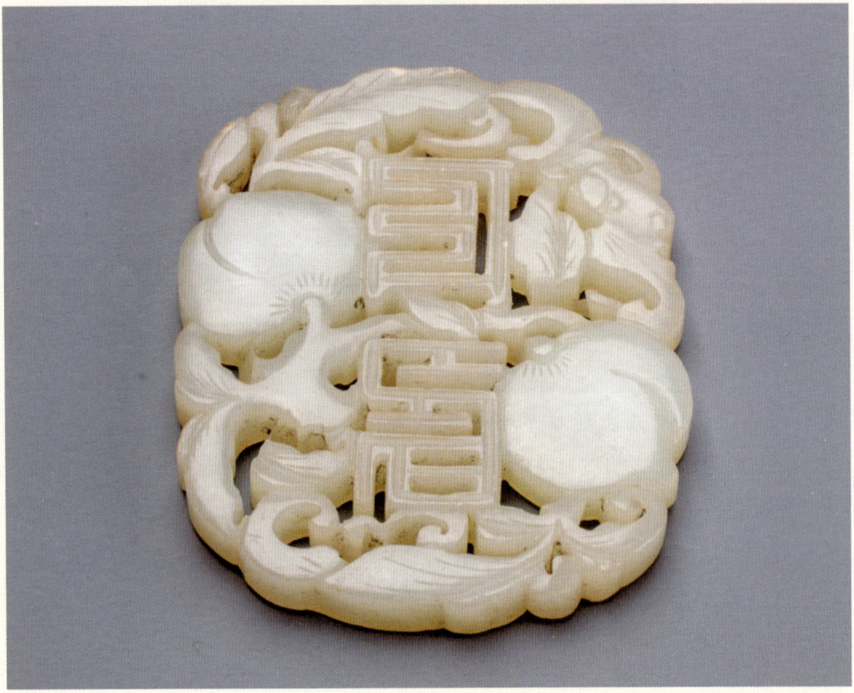

文　　物：清透雕寿纹玉佩
年　　代：清
级　　别：三级文物
藏　　馆：莆田市博物馆

◆ 清透雕寿纹玉佩为灰白玉，双面雕，中间雕篆体“寿”字，左上、右下各雕一硕大蟠桃，桃枝穿字而过，象征长寿、吉祥和富贵

文　　物：清透雕“福在眼前”转心玉佩
年　　代：清
级　　别：一般文物
藏　　馆：莆田市博物馆

古语云“玉不琢，不成器”“玉必有工、工必有意、意必吉祥”，玉佩本身就是吉祥之物，又被赋予独特的文化内蕴、注入匠人们超凡的匠心，寄托从古到今无数人民美好的愿望，传达着他们祈福求祥的心愿。

（莆田市博物馆 / 文图）

◆ 清透雕“福在眼前”转心玉佩 为镂空精雕，纹饰由内到外分别雕旋转铜钱、圆环及四只蝙蝠，寓意福在眼前

文　　物：清透雕福庆纹锁形玉佩
年　　代：清
级　　别：三级文物
藏　　馆：漳州市博物馆

福庆纹锁形玉佩作为传统的民俗佩饰中的花式锁形玉质佩饰中的一种，有锁住幸福、吉庆有余、花开富贵、莲生贵子的吉祥含义，应是婚庆时祝贺新人的礼物。

◆ 清透雕福庆纹锁形玉佩的主纹呈锁形，作大如意头状，由上至下为蝠（福）、吉磬（庆），左右有花开，托底现莲台

文　　物：清透雕福寿纹圆形玉佩
年　　代：清
级　　别：三级文物
藏　　馆：漳州市博物馆

福寿纹圆形玉佩的纹饰寓意则有所区别，除了有祈福护佑的含义，更突出长寿、逢缘等美好祝愿，常作为向长者祝寿的礼物。

（林登山 / 文图）

◆ 清透雕福寿纹圆形玉佩主型为饼状，上、下为蝠（福）来，居中为大“寿”，左右缠佛手

清福寿纹玉带扣头

年　　代：清
级　　别：三级文物
藏　　馆：中国闽台缘博物馆

该扣头通体白玉，带有黄沁，浮雕缠枝果纹，缠枝叶中间托佛手、石榴、寿桃。佛手本为柑橘类水果，因形似佛手而得名。“佛”和“福”发音相近，象征多福，且有得佛祖庇佑之意；寿桃代表长寿；石榴多籽，取其多子的寓意。佛手、寿桃和石榴在一起被称为“三多”，即多福、多寿、多子，是中国传统吉祥图案之一。背面凸雕两个圆纽，用于与革带或丝带相连。

玉带扣是清代常见的玉器品种，一般为椭圆形，是一种束腰带用具。随着时间的推移，玉带扣从兼具装饰性和实用性的带饰，渐渐变为彰显身份的配饰，最终成为怀古赏玩之物。玉带扣的变化既见证了实用与审美关系的演进，也反映了古人的思想意识和人文情怀。

（张雅真、庄清海 / 文　黄善哲 / 图）

◆ 玉带扣头背面凸雕

虎头帽文物组

文　　物：清印花缀铜饰虎头帽
年　　代：清
级　　别：一般文物
藏　　馆：上杭县博物馆

◆ 清印花缀铜饰虎头帽为棉麻纤维质地，配饰铜；黑色底布，印有花卉纹；塔状帽顶，正面有7个人物造型铜饰，两侧缀有铃铛

虎头帽是以老虎为形象的、中国民间儿童服饰中比较典型的一种童帽样式，具有鲜明的“福”文化特点。

古时，人们在适应自然和改造自然的过程中曾塑造各种形象的保护神，寄托对有神力相助的渴望，勇猛的老虎就是其一。人们深信老虎有驱邪纳福的强大力量，对虎图腾的崇拜在一些地区延续至今。这种崇拜在人们的日常生活中也产生潜移默化的影响，人们制作虎头帽等特色服饰，表达对佩戴者福气相伴、智勇双全的祝福。

文　　物：民国刺绣缀银饰虎头帽
年　　代：民国
级　　别：一般文物
藏　　馆：上杭县博物馆

◆ 民国刺绣缀银饰虎头帽为棉麻纤维质地，配饰银；正上方绣有双虎图案，下方有7个人物造型银饰，两侧上方有4个圆形银饰，分别刻“长”“命”“富”“贵”字样，并绣有双龙图案，帽子后面绣有花卉纹，并有蝴蝶和铃铛银饰

文　　物：民国刺绣缀银饰虎头帽
年　　代：民国
级　　别：一般文物
藏　　馆：上杭县博物馆

虎头帽更多承载的是父母长辈对孩子的希望，希望他们能像老虎一样强大，并健康茁壮地成长。虎头帽上的图案通常生动活泼，表现出人们纯真的思想感情和健康的审美趣味。每一顶虎头帽都记载着一段往事，代表着一种文化。透过观察帽子上的吉祥纹饰和图案，我们不仅能够了解当时的服装时尚，亦能洞悉中国传统社会迎祥纳福的文化。

（谢锋标、蓝琴芳、曹培发 / 文　詹晓蕾、陈小春、张夏丹 / 图）

◆ 民国刺绣缀银饰虎头帽为棉麻纤维质地，配饰银；帽子正上方绣有蝴蝶图案，下方有 7 个人物造型银饰，两侧绣有花鸟图案，背面绣蝴蝶、花卉等图案

南朝青釉羊身插器

年　　代：南朝

出土时间：1958 年

出土位置：福州市闽侯县关口工程西晋墓葬

级　　别：二级文物

藏　　馆：福建博物院

◆ 羊身插器的正面与背面

该插器呈现饱满的羊形，跪卧状，翘首正视。羊身中空，背部立有一根空心插管与全身相通，羊四足为器具底足。整件器物釉色均匀，是当时人们使用的烛台，集观赏和实用于一体。

在中国传统文化中，羊一直被人们视为瑞兆。东汉许慎所著《说文解字》载，“羊，祥也”，并进一步解释“祥”字：“福也。从示羊声，一曰善。”在《汉语大字典》中，很多带有吉祥寓意的字都与羊有关，如“美”“善”“群”“义（義）”“祥”，这五个字刚好代表了五种美好的人生态度，可以说是与羊有关的“五福”。所以，这件青釉羊身插器不仅仅是一个烛台，更是象征吉祥的器物。烛光摇曳下的羊身造型在夜色中营造出温馨美好的氛围，升华了点烛人福慧双修、安宁祥和的生活追求。

（万晶迎 / 文　福建博物院 / 图）

清木雕开框人物博古图宫灯

年　　代：清
级　　别：三级文物
藏　　馆：福建民俗博物馆

◆ 框内博古图寓意事（狮）事吉祥、平（瓶）安如意、吉（橘）庆（磬）有余、平（瓶）安长寿

宫灯为六角形，每面开框，绢布作底，中部绘有人物故事、博古图案等，四周及上、下部分均有卡子花纹饰，整体造型精美别致。

在民间，花灯多用于传统节日，如春节、元宵节等，起到为佳节喜日增光添彩的作用，同时还有祈求平安之意。古时福建泉州的花灯可谓美名远扬。泉语“灯”和“丁”谐音，寄托人丁兴旺、迎接光明的祈望。而在清代，宫灯作为皇帝奖赏王公大臣的赐物之一，其珍贵性不言而喻。

（杨晨/文　福建民俗博物馆/图）

『牧牛意趣』文物组

文　　物：清嵌青花春牛图木匾
年　　代：清
级　　别：一般文物
藏　　馆：漳州市长泰区博物馆

在长达数千年的农耕社会中，牛作为中国传统文化中的一种文化意象，往往与吃苦耐劳、诚实可靠、无私奉献等诸多优秀品质相关联，具有独特的精神意蕴和丰富的文化内涵。

古诗词中也有很多描写牧童骑牛的诗句，如“牧童归去横牛背，短笛无腔信口吹”“牧童骑黄牛，歌声振林樾”。这些诗句描写的悠然自得、天真烂漫的牧童形象，也从侧面反映了中国古代对农业生产的重视以及社会的和谐稳定。

◆ 清嵌青花春牛图木匾上的春牛图寓意对丰收的希望、对幸福的憧憬，是人们喜闻乐见的吉祥画作

文　　物：民国木雕牧童骑牛像
年　　代：民国
级　　别：一般文物
藏　　馆：漳州市长泰区博物馆

◆ 民国木雕牧童骑牛像中牛的脊背壮实、稳健，赤脚、背着斗笠的牧童趴伏在牛背上，面带笑容，形象栩栩如生，人们能真切地感受到牧童的开心快乐

这两件题材相似的文物，将牛与牧童的形象紧密结合在一起，构思精巧，内涵丰富，承载着农耕社会最朴实的夙愿和期待，即过着安定祥和，丰衣足食，日出而作、日落而息的幸福生活，抒发了人们对未来美好生活的向往。

（郑阿忠 / 文图）

清金漆木雕福寿纹衣橱

年　　代：清
级　　别：三级文物
藏　　馆：柘荣县博物馆

衣橱为樟木材质，通体施暗红大漆，双开门，门上有铜圆盘、拉环。门板四角为变体拐子龙纹饰，柜门正中浮雕显目的楷书大字“福”和“寿”，上方为展翅蝙蝠图案，下方两旁为变体夔龙图案。蝙蝠合寓“进福”“进寿”，而夔龙是富贵和权威的象征，回纹则表达福寿不断。四周围绕变体“福”和“寿”字，字体以小篆为主，字形变化多样，排列规整有序。衣橱内部分三层，中层配有两个抽屉，内饰团寿、牡丹、蝴蝶和蝙蝠等贴纸。整体造型简约大气，雕刻工艺精美，文化内涵丰富。

该衣橱不仅能够储衣纳物，还兼具美学价值。它不仅体现了当时福建工匠精湛的技艺，还寄寓了百姓对于福寿延年的美好愿望。

（郑鑫／文　游再生／图）

衣橱内面裱饰“五福捧寿”图案贴纸

清金漆『福禄寿』花卉纹雕板

年　　代：清
藏　　馆：厦门市博物馆

金漆工艺是闽南匠作常见的工艺，多见于建筑构件装饰、家具、祭祀礼器及神像等，突显富丽堂皇、大气庄重的氛围。这件木雕板正面錾花，反面素板，应为晚清闽南地区工艺。从其对称的设计风格与尺寸推断，应是龛楣，或是供器的花板配件。左右两端刻卷草花卉图案，寓意福泽绵延。中堵有遒劲有力的“福禄寿”三个楷书大字，四周兰草环绕，上下各点缀半朵梅花。梅、兰被称作花中君子，代表着坚韧不拔的精神和淡泊名利的处世哲学。

明清以后民间常将福禄寿三星一并奉祀崇拜，祈求幸福、健康、长寿，而闽南还有善良是福、清心是禄、平安是寿的说法，诠释了中国传统文化仁爱中庸的精神内核，也成为社会治理的和谐典范，即使在新时代的今天，亦有积极的社会意义。

（龚健 / 文图）

◆ 木雕板细节

翘头案文物组

文　　物：民国团寿纹翘头案
年　　代：民国
级　　别：三级文物
藏　　馆：福建民俗博物馆

团寿纹翘头案两端翘头部有隐藏抽屉，屉面雕刻拐子龙纹，牙板中部雕有团寿纹，两边刻有“种德槐应茂，锄经桂自芳”字样。“种德”“锄经”都强调耕读结合的传统。古人重视耕读传家，槐树和桂树都被视为科第吉兆。牙板两端透雕拐子龙纹。案腿作双混面，前后腿之间锼出“寿”字纹作挡板。

在汉代，因分食制的普及，食案普遍流行。后来受文人士大夫的追捧，功能逐渐改变，出现画案和祭祀用的供案等。体积较大的供案是大姓宗族地位的象征，维系着宗族荣耀，寄托着虔诚祭祀的心意和获神灵赐福的夙愿。

◆ 民国团寿纹翘头案牙板上的诗句

文　　物：清金漆木雕人物花卉纹翘头案
年　　代：清
级　　别：三级文物
藏　　馆：福建民俗博物馆

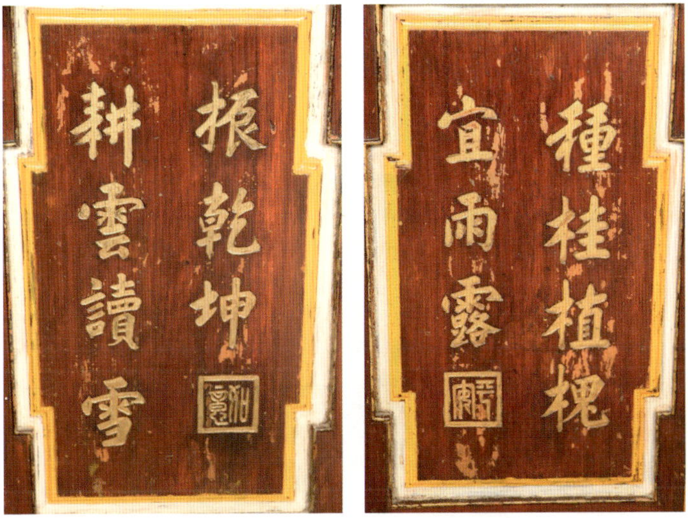

◆ 清金漆木雕人物花卉纹翘头案挡板上的诗句

传统的翘头案多雕有吉祥纹饰，如常见的卷草纹、螭龙纹、福寿纹等，寓意家族能够生生不息、福泽不断。除了纹饰，人们还会雕刻具有劝学等教育意义的诗句，以期后代子孙能刻苦读书、登科及第。

金漆木雕人物花卉纹翘头案正面牙板刻八仙人物和卷草花卉纹饰，两翘头各有隐藏抽屉，挡板为几柜式结构，正面漆金雕，有“种桂植槐宜雨露，耕云读雪振乾坤”诗句，几柜两旁均安一拉门，内可储物。通过诗句及纹饰，足见古人对耕读劝学的重视和对得到先人福泽和庇佑的祈盼。

（杨晨／文　福建民俗博物馆／图）

民国木刻设色贴雕四季花鸟挂屏

年　　代：民国
藏　　馆：福建民俗博物馆

挂屏一套共四件，主题纹饰是由牡丹、荷花、菊花、梅花构成的四季图，以设色贴雕技法雕刻而成。整体色彩艳丽，纹饰立体精细，可用于卧房和书房装饰。

“春”挂屏主纹饰为牡丹、锦鸡图案，施以金、红、蓝、绿等彩漆。牡丹花开，硕大饱满，色彩夺目艳丽，国色天香，自古就是富贵吉祥的象征；锦鸡是中国特有的鸟类，它形体优美，羽色鲜亮华丽，被视作吉祥鸟。牡丹与锦鸡的结合也有着锦上添花、前程似锦等美好寓意。

“夏”挂屏主纹饰为荷花、鸳鸯、青蛙图案。荷花争艳怒放，荷叶娉婷舒展，寓意融洽、和美；一对鸳鸯静静浮于荷下水面，象征夫妻相爱、白头偕老；两只青蛙跃上荷叶，预示丰收在望。

“夏”花鸟挂屏

◆ “秋”花鸟挂屏

“秋”挂屏主纹饰为菊花、公鸡图案。菊花层层相叠，盎然绽放；花下两只公鸡灵动写实。“鸡”与“吉”读音相近，且在传统民间文化中象征着勤劳、光明和吉祥。菊花具有“养性上药，能轻身延年”之效用，被誉为“名花十二客”中的“寿客”。因此，菊花雄鸡纹饰也寓意吉祥长寿。

“冬”挂屏主纹饰为梅花、喜鹊图案。喜鹊登梅报吉祥，梅花朵朵送清香。喜鹊与梅花组合有喜上眉梢、双喜临门的寓意，是民间最常见的吉祥喜庆纹饰之一。

（郑欣／文　福建民俗博物馆／图）

◆“冬”花鸟挂屏

清德化窑送子观音坐像

年　　代：清
藏　　馆：福建民俗博物馆

观音像头梳高髻，胸前饰有如意璎珞，盘坐岩上，右手揽一童子于右膝上，左手持如意，左侧立一童子，羽带飘动，双手合十，乖巧可爱。坐像后嵌一枚葫芦形章，内书“何朝春”款。何朝春是明代德化瓷塑名家，也是“瓷圣”何朝宗的胞弟。他善塑佛像及其他艺术类瓷器，作品精美灵动、细腻典雅。

送子观音是民间崇拜的佛教神祇之一。当时的人们认为虔诚拜神佛可以实现自己的心愿。多子多福是中国传统的生育观念，在这种观念的影响下，凡期待有孕者，都会诚拜送子观音，以求得子嗣，既有为新生儿添福泽的含义，又有为产妇驱邪祈福的寓意。

（刘锌 / 文　福建民俗博物馆 / 图）

◆ 观音右手抱着的童子

清康熙青花黄釉瓷葫芦瓶

年　　代：清

出土时间：2005 年

出土位置：平潭综合实验区附近海域

级　　别：一般文物

藏　　馆：福州市博物馆

300 多年前，一艘载有 40 000 多件瓷器的远洋货船在平潭海域不幸触礁沉没，这件清康熙青花黄釉瓷葫芦瓶也同无数精美瓷器一起沉于海底。2005 年，经考古打捞，这批宝藏才得以面世，而这艘沉船也被命名为“碗礁一号”。

瓷瓶呈双葫芦形。口、颈部布青花，口沿施黄釉，沿下有三角形锦地边饰，其下依次是蕉叶、覆莲瓣、锦地荷花三开光、菱格锦地朵花开光边饰；腹、足部施黄釉。黄釉淡雅细匀，青花色调翠蓝，可谓相得益彰。

葫芦藤蔓绵延，“累然而生，食之无穷”，籽粒众多，是绵延后代、多子多福的象征。又因“葫芦”谐音“福禄”，且器形像“吉”字，故葫芦瓶又名大吉瓶，有祈福纳祥之意。这件瓷瓶属于清康熙年间典型的外销瓷，是繁荣悠久的中华“福”文化与热情奔放的西方文化相遇、碰撞、融合而绽放出的一道绚丽光芒。

（张春兰 / 文　谢在华 / 图）

◆ 葫芦瓶瓶口细节

清黄地粉彩福寿开光龙凤大赏瓶

年　　代：清
级　　别：三级文物
藏　　馆：漳州市龙海区博物馆

此瓶为赏瓶，器型来源于玉壶春瓶，微撇口，细长颈，溜肩，圈足。器身满饰蝙蝠、寿桃、如意等纹样，腹部圆形开光饰龙凤呈祥图案，底书“大清光绪年制”朱红楷书款。相传这种器型的大瓶多作赏赐之用，因此被称为赏瓶。

这件瓷瓶色彩鲜艳，器身满绘缠枝寿桃，其形状、大小、正侧，各尽其致，繁密之极。缠枝骨骼发叶处装饰有如意、篆体“寿”字等吉祥图案，以及象征人间长寿、富有、健康、美德、善终的五种颜色不同的蝙蝠图案，寓意五福临门、万寿无疆、平安富贵。开光处又饰龙凤戏珠图案，周边满饰祥云纹，寓意龙凤呈祥、吉祥瑞庆。

（翁得禄 / 文图）

◆ 瓶身细节及底部落款

清浮雕人物纹玉如意

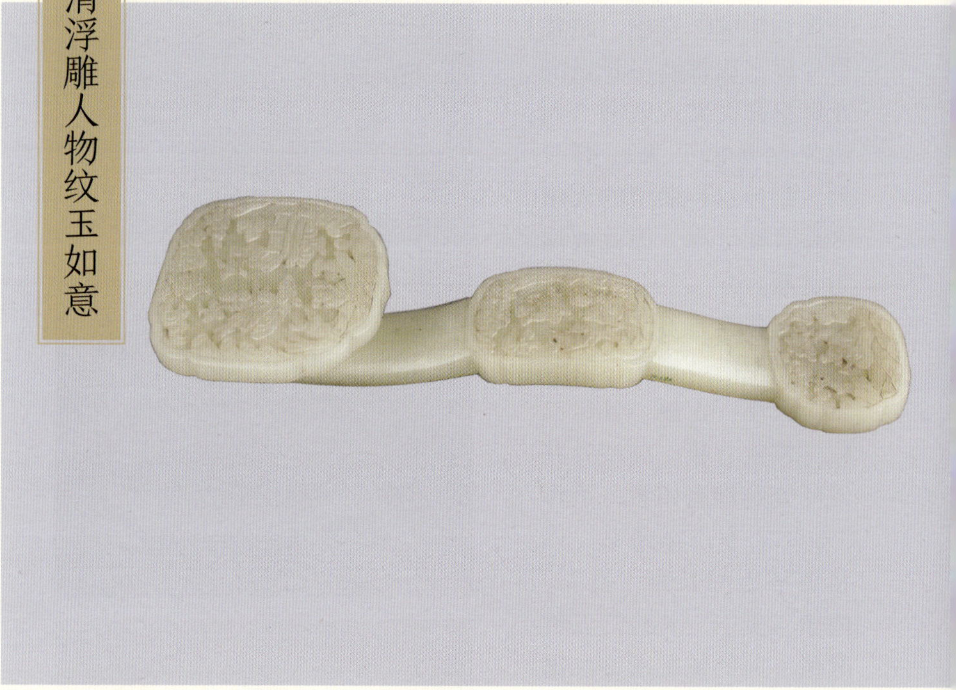

年　　代：清
级　　别：三级文物
藏　　馆：福州市博物馆

这件清浮雕人物纹玉如意以整块白色玉料雕刻而成，玉质莹润，流线型长柄呈微曲状，柄头至尾部依次由大中小三块方形、长方形、椭圆形玉饰面组成，面上浮雕八仙过海图案。整件器物构思新颖，比例适当，雕琢精细，线条简洁流畅，人物形象生动逼真，达到材质美、造型美、意蕴美的统一。

◆ 方形玉饰面纹样细节

长方形玉饰面纹样细节

如意是一种传统的工艺珍品，一般由玉或黄金材料制成。最早的如意柄端作手指形，以示手所不能至搔之可如意，故称如意。明清时期，它从实用品逐渐转向艺术陈设品。皇宫里常摆放如意，以示吉祥顺意。凡值年节，大臣进如意于朝，以取兆吉祥，帝、后也将如意作为赏赐之物。民国时期，富有之家依然沿袭相互馈赠如意的旧俗，将如意视为承载祈福禳灾等美好愿望的贵重礼品。

“君子比德于玉焉。”这件玉如意将玉之温润、高洁、坚贞的美德与如意的吉祥寓意结合，成就了展现中华传统“福”文化的美好器物。

（曾晶 / 文　谢在华 / 图）

◆ 椭圆形玉饰面纹样细节

清乾隆青花釉里红百鹿图夔耳瓷瓶

年　　代：清

级　　别：一级文物

藏　　馆：华侨博物院

瓷瓶浅盘口，口沿下绘如意纹，长颈丰肩，颈上饰对称夔耳，长鼓腹，底足略向外撇，通体施釉，底足露胎，釉质晶莹光润，胎体厚重，胎质坚细洁白。

这是清乾隆时期景德镇窑烧制的纯正釉里三色大瓶，瓶身上用青花、釉里红、褐三色描绘了山水、松柏和105只姿态各异的鹿，色彩绚丽，浓淡深浅交相映衬，极富立体效果。

中国人追求福、禄、寿、喜，“鹿”和“禄”同音，因此鹿一直被视为瑞兽。这尊大瓶上足足有105只鹿，“百鹿”谐音“百禄”，饱含福寿康宁之吉愿。而瓶耳的夔龙是传说中的上古神兽，象征着权力、尊贵、吉祥与富有。到了明清时期，官窑瓷器大量使用夔龙纹，成就了许多精美绝伦的瓷器精品。

（王艳霞/文　华侨博物院/图）

◆ 瓷瓶夔耳及瓶身细节

日本明治时期九谷吉田制款五彩七福神图花瓶

年　　代：日本明治时期

藏　　馆：华侨博物院

花瓶盘口，鼓腹，外撇圈足。口沿外部施褐釉，颈部以褐釉为底，绘花卉、几何图案，腹部白釉底上彩绘七福神图。瓶身绘有二神欣赏福禄寿神手书“福禄寿”，以及其余四神围坐一起欣赏人物画。底有“九谷吉田制”款。

瓶身上绘制的七福神属于日本宗教的神明。七福神是融合了神道教、道教、佛教、婆罗门教等来自日本、中国、印度的吉祥天神，一般指惠比寿、大黑天、毗沙门天、弁财天、福禄寿、寿老人和布袋和尚七神。

这件花瓶无论在色彩、题材还是构图上都是中国陶瓷技艺和日本传统文化的融合，同时又是一件蕴含了中日两国人民对于美好生活相同向往的精美器物。

（杨双妃／文　华侨博物院／图）

◆ 花瓶瓶身及底部落款细节

第二次国内革命战争时期红军送给许留金的留声机

年　　代：第二次国内革命战争时期

级　　别：一般文物

藏　　馆：毛主席率领红军攻克漳州纪念馆

◆ 留声机盒盖图案

这台留声机是1932年毛泽东率领红军攻克漳州战役中所获战利品中的一件，它原是国民党陆军第四十九师师长张贞的旧物。红军进漳后大力宣传发动群众，播下革命的火种，一个多月后，主动撤离，返回根据地。由于缴获物资很多，仅靠红军的人力和车马无法全部运回瑞金。当时，许多民众自发地帮助红军运送物资，故事的主人公——漳州工人运输车队队员许留金，就是热心民众之一，他积极帮助红军运送战利品。许留金返乡时，红军把这台象征军民鱼水情的留声机送给了他。

回望峥嵘岁月，珍藏红色记忆。如今这台留声机早已破损残旧，无法使用，但它所诉说的军民永远一家亲的故事却得以长久流传。与文物对话，从红色文物中汲取奋进力量，让红色基因代代相传，这是精神滋养，也是传承之福。

（胡菲菲/文　毛主席率领红军攻克漳州纪念馆/图）

第二次国内革命战争时期红军进漳时红三团写标语用的大笔

年　　代：第二次国内革命战争时期
级　　别：三级文物
藏　　馆：毛主席率领红军攻克漳州纪念馆

1932年4月，毛泽东带领中央红军攻克漳州。中国共产党成立之初，在对外宣传方面举步维艰。为了宣传红军的抗日主张，让中国共产党是人民的队伍、革命目标是解放全中国的劳苦大众这一观念深入人心，红军进漳后积极开展对外宣传，而书写标语是最快速的方式，能起到扩大宣传面、发挥长久影响力的作用。这支大笔就是当时闽南红三团书写标语时所用的。

时至今日，福建一些偏远的农村房子上仍然存有用大笔书写的红军标语。通过这些标语，我们仍能感受到当时中国工农红军昂扬的姿态和坚定的理想信念。凝视这支大笔，书写这些标语的红军战士们的挺拔身姿仿佛就在眼前。它像火炬一样点亮了红色文化之光，使福建的共产党员能够从革命精神中不断激发工作热忱、凝聚前行力量、为人民福祉奋斗终生。

（李莉莉/文　毛主席率领红军攻克漳州纪念馆/图）

◆ 笔尖细节

宋蛙形石砚

年　　代：宋
出土时间：1972 年
出土位置：福州市西园兴利山宋墓
级　　别：一级文物
藏　　馆：福建博物院

◆ 砚首呈三角形，砚首两侧阴刻青蛙嘴、眼形状，青蛙下颌呈斜坡式

石砚带盖，淡绿色。砚池缘作子口以扣合砚盖。盖微鼓，扣合后状如蛙背，弧形腹，底略内凹，四足屈卧并阴刻五爪，整体宛如一只蹲状的青蛙。

“稻花香里说丰年，听取蛙声一片。”青蛙在中国传统文化中是有吉祥寓意的动物之一。“蛙”与“娃”谐音，且青蛙的繁殖能力强，人们赋予它多子多福、子孙满堂的美好寓意。在农业生产实践中，人们又发现“田家无五行，水旱卜蛙声”，认为青蛙能预示风调雨顺、五谷丰登。因此，古代先民将对蛙的喜爱与崇拜以图腾、纹饰、造型等形式反映在陶器、青铜器、瓷器等器物上，希望能得到蛙神庇佑，过上幸福美好的生活。

（金语桐 / 文　福建博物院 / 图）

清青花独占鳌头魁星踢斗三足筒炉

年　　代：清
藏　　馆：福建民俗博物馆

筒炉直口，筒形至底略收，底呈三足，筒身绘魁星踢斗纹饰。魁星面目狰狞，单足立于鳌头之上，另一脚翘起，一手执笔，一手捧斗，寓意魁星点斗、独占鳌头。相传魁星为北斗星之一，人们就其名字中的“魁”字取象，塑造鬼举足踢斗之形，用以表示文运之兆，而后魁星就演化成文运之神。人们拜魁星，祈愿能够金榜题名。

古代科举制度确立后，学而优则仕，读书、考试、做官三者被紧密联系在一起。因此，努力学习、考取功名成为广大学子改变命运的主要途径。据《八闽通志》载，宋代福建地区进士及第者就达6 000多人。书声琅琅，耕读传家，福泽绵延，滋养着闽地人民代代传承的崇文尚学之风，而现在，这一风尚也成为福建人民推进高质量发展、奔赴幸福未来的重要精神力量。

（刘锌／文　福建民俗博物馆／图）

魁星踢斗纹饰细节

清『虔诚锡福』木提盒

年　　代：清
级　　别：一般文物
藏　　馆：中国闽台缘博物馆

提盒木制，上有提梁，内有隔板；两侧阴刻梅兰竹菊纹样，描金；盖上隶书阴刻“虔诚锡福”字样，描金。这件提盒很有可能是用于存放笔墨印砚的文具容器。

提盒是一种用于盛放物品的器物，便于携带。提盒最初用于盛放食物、赠送礼物，一般制成长方形，内有隔层。到了明清时期，提盒制作工艺进一步改善，装饰愈发精巧细腻，实用性与赏玩性俱佳，因此也被赋予新的用途，常用于存放笔墨印砚等文具，一般供文人雅士赶考或游历时使用。传统的提盒常雕刻吉祥花卉等图案。

“锡”在古汉语中与“赐”通假，有赐福之意。“虔诚锡福”字样与花卉纹饰展现了精湛的雕工，蕴含着人们对美好生活的向往与追求，诠释了中华“福”文化引领人们创造幸福的精神力量。

（李云煌、庄清海/文　黄善哲/图）

◆ 提盒侧面纹饰细节

清牙雕插屏

年　　代：清
级　　别：一般文物
藏　　馆：福建博物院

插屏为半竹筒形，牙白色，工艺水平高超，以圆雕为主，兼用浮雕等雕刻技艺。画面主体是一株从石缝中顽强长出的葡萄树，枝干遒劲有力，藤蔓上硕果累累。沿着弯曲有致的枝蔓，还刻画了 16 个正在嬉戏的孩童，显得生气勃勃。

葡萄是中国传统文化中的吉祥元素之一，常常出现在民间工艺品上，比如婴戏葡萄、藤蔓绵绵等题材的喜庆图案，它们被赋予多子多福、人丁兴旺等美好寓意。这件牙雕插屏既彰显了福建人的情致和匠心，也传承着中国数千年文化历久弥新的风雅之福。

（戴石 / 文　福建博物院 / 图）

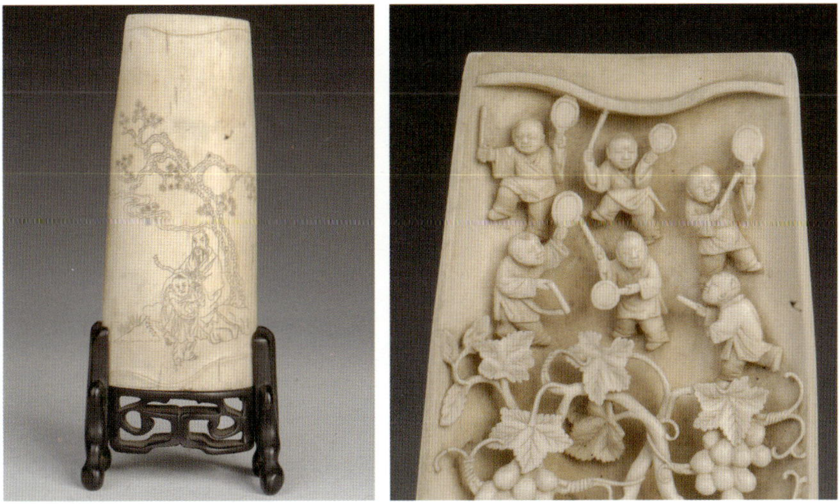

◆ 插屏背面及局部细节

字画文物组

文　　物：1931 年何心禹临各种“福”字书法软片
年　　代：1931 年
藏　　馆：莆田市博物馆

文　　物：1932 年朱峻设色降福软片
年　　代：1932 年
藏　　馆：莆田市博物馆

1931年何心禹临各种“福”字书法软片包含15个字体各异的“福”字，将中华传统汉字之美和“福”文化完美融合，表达对生活的美好祝福。

1932年朱峻设色降福软片中的钟馗形象粗眉圆眼、满腮须发。钟馗是中国古代诸神中相貌最为丑陋的一位，能够驱鬼逐邪，为人刚正不阿。人们常在家中挂钟馗画像镇宅祈福，希望能在钟馗的庇护下迎来安稳平顺、财源滚滚的有福生活。钟馗这一形象在中华文化中有很大的影响力，它既在文学作品中大显神通，也在民间受到广泛崇拜。通过塑造钟馗形象，人们寄托了对正义、勇气、平安和幸福的渴望。

（莆田市博物馆 / 文图）

◆ 1932年朱峻设色降福软片上的钟馗形象细节

文　　物：1931 年张善孖设色降福图软片
年　　代：1931 年
藏　　馆：莆田市博物馆

1930 年冬，莆田市涵江区发生一场特大火灾，延烧二百多户。为重建家园，当地绅商黄缃等人向各界名流征集赈灾书画作品，并举办巡回展出，以义卖筹得的善款赈济灾民并置办防火设施。他们共征集到全国各地寄来的书画作品近 5 000 件，包括徐悲鸿、林风眠、潘天寿、张善孖、徐世昌、吴佩孚、陈宝琛等名家名人之作。这场声势浩大的慈善壮举不仅为后世留下了珍贵的艺术作品，更彰显了艺术创作者胸怀天下、祈愿四海安宁的赤子情怀。

1931 年张善孖设色降福图软片就是其中一件。画中人物头戴乌帽，身着红袍，喜迎福降。张善孖（1882—1940），名泽，一作善之，又作善孖，四川内江人。他是画家张大千的二哥，擅画山水、花卉、猛兽，尤精画虎，自号虎痴、虎髯，人们尊称他为虎公、张老虎。抗日战争期间，他用虎画激励将士和民众的抗日爱国热忱，并通过义卖，把在美国募捐的 20 多万美元捐给国家。他为国奔走，积劳成疾，病逝后，民国政府颁发“褒扬张善孖令”，褒奖他为国家和抗日战争所作出的杰出贡献。他也成为民国时期唯一一位以画家身份获此殊荣的人。

（莆田市博物馆 / 文图）

文　　物：清吴昌硕荷花图
年　　代：清
级　　别：三级文物
藏　　馆：福建博物院

吴昌硕（1844—1927），原名俊，字昌硕，以字行，号苦铁、缶庐等，浙江安吉人。早年习书，中年学画。著名国画家、书法家、篆刻家，杭州西泠印社首任社长。集诗书画印于一身，融金石书画为一炉，被誉为“石鼓篆书第一人”“文人画最后的高峰”。其绘画作品题材多以花卉为主，好以大篆与草书笔法作画。

该图以红花墨叶的配色绘荷叶蹁跹、荷花鲜妍。红荷如贵妇，娇而不艳，墨色荷叶硕大如盖，花美叶盛，形成一片生机盎然之景，很好地体现了吴昌硕花卉作品笔法与墨法富于变化的典型特征。作品笔法老辣，墨色淋漓、色彩浓丽，笔触朴拙，尽显厚重浑圆的质感。在大面积的荷叶之间合理地“让”出空间，自然地穿插枝干并半遮荷花，竖向对角线的构图增强了气势，荷花、荷叶之间相辅相成，自然呼应，画面雅俗共赏，增添了不泥自性、不染外境的抱朴守真之意。

荷花是中国传统名花。“荷”与“和”“合”谐音，“莲”与“联”“廉”谐音，因此荷花常作为和平、和谐、合作、廉洁的象征，有和气生财、家庭和睦、万事兴旺、和平顺遂的美好寓意。

（张宝英 / 文　福建博物院 / 图）

文　　物：当代启功、徐邦达吉祥歌图
年　　代：当代
级　　别：三级文物
藏　　馆：福建博物院

启功（1912—2005），字元伯，又作元白，满族人。擅书画，精鉴赏，长于古典文学、古文字学研究。他是中国当代书画家、古典文献学家、文物鉴定家、教育家、诗人、国学家，曾任北京师范大学教授、中国书法家协会主席。

徐邦达（1911—2012），字孚尹，号李庵，又号心远生、蠖叟，浙江海宁人。早年从事美术创作，富收藏，精鉴赏，擅古典诗词。曾任故宫博物院研究员、国家文物鉴定委员会委员、中国博物馆学会名誉理事 。

这是一幅启功和徐邦达联手创作的合作画，重在表现情谊雅趣，突出画面的丰富完整，在各展才华的同时默契配合，彰显和谐统一之美。

画面中描绘了绿松、青柏、红梅、奇石、灵芝、天竹，皆是老百姓喜闻乐见的、在传统文化中具有美好寓意的物象。绿松、青柏高高挺立，象征健康长寿、繁荣昌盛；朱竹生机盎然，寓意谦虚高洁的君子之风与节节高的生活状态，“竹”谐音“祝”字，代表了中国传统吉祥图案“华封三祝”，即祝寿、祝富、祝多子；红梅枝头俏，代表高雅孤傲、坚韧自强的品质；灵芝被誉为仙草，代表着对幸福美满、富贵长寿的祈望。

（张宝英 / 文　福建博物院 / 图）

文　　物：当代谢稚柳、唐云、陈佩秋、陈秋草合作锦鸡花卉图
年　　代：当代
级　　别：三级文物
藏　　馆：福建博物院

谢稚柳（1910—1997），原名稚，字稚柳，晚号壮暮翁，斋名鱼饮溪堂、杜斋、烟江楼，江苏常州人。擅书法，兼作花鸟，尤擅古书画鉴定。

唐云（1910—1993），字侠尘，别号药城、药尘、药翁等，画室名大石斋、山雷轩，浙江杭州人。擅花鸟、山水、人物，诗书画皆至妙境。

陈佩秋（1923—2020），字健碧，室名秋兰室、高华阁、截玉轩等，河南南阳人。擅长中国画。

陈秋草（1906—1988），字秋草，号犁霜、实斋，室名风之楼，浙江宁波人。兼中西绘画，尤长于中国画。

此画为合作画，作为画眼的红腹锦鸡色彩斑斓，目光灼灼，尾羽高扬，姿态生动，矫健而从容。自古以来，锦鸡被认为是凤凰的原型，以其华丽的外表深受人们的喜爱，它往往代表着前程似锦、锦上添花的美好寓意，象征对未来生活平安顺遂、吉祥如意的祈愿。

幽兰、秋菊、墨竹是文人画作中常表现的花中君子。兰，空谷幽香，是谦谦君子的象征；竹，刚直谦逊，是高雅之士的象征；菊，寓意恬然自处、傲然不屈的高尚品格。此外，画中四朵芙蓉象征着繁荣富贵、幸福安康。

正值国庆佳节，举国同贺，画家们相聚一堂，绘制于金笺纸上的花卉也与锦鸡相映成趣。这幅美丽的画卷表达了创作者对国强民富、繁荣昌盛的美好祝愿。

（张宝英 / 文　福建博物院 / 图）

文　　物：清朱偁玉堂富贵图

年　　代：清

级　　别：三级文物

藏　　馆：福建博物院

朱偁（1826—1900），清代画家，早年名琛，字梦庐，号觉未，别署鸳湖散人、玉溪外史、玉溪钓者、鸳湖画史、胥山樵叟，浙江嘉兴人。海派画家代表人物之一，工花鸟，初法张熊，后师承王礼，风格神似华喦，名盛当世。

朱偁擅没骨花卉草虫，画风清丽，深得自然生趣。这幅画作落款“抚王忘庵笔法”，王忘庵即清代画家王武，其画作神韵生动，时人称妙品。朱偁的这幅画模仿王武的笔法，在强调敬渊源、重传承的同时，融入画家自己的感悟和理解，表达了自身的精神境界与思想追求。

此作品为中堂立轴，画中奇石嶙峋、繁花锦簇，玉兰树茁壮生长，枝头一对鹦鹉顾盼啁啾。玉兰、海棠与牡丹绚烂绽放，一派春华。花卉没骨与双勾融合得体，勾画点叶，相映成趣。玉兰、海棠、牡丹是自仲春至暮春次第开放的花卉，“玉兰”中有“玉”字，“棠”谐音“堂”字，牡丹花是富贵的象征，由此构成玉堂富贵图，传递着吉祥如意、增福增寿的祝愿，寄托了对美好人生与幸福生活的向往，正所谓：

玉兰花香飘四方，
棠海锦簇竞芬芳。
富丽堂皇千秋业，
贵体齐天万年长。

（张宝英 / 文　福建博物院 / 图）

文　　物：清赵之谦葫芦图

年　　代：清

级　　别：三级文物

藏　　馆：福建博物院

赵之谦（1829—1884），初字益甫，号冷君，后改字撝叔，号铁三、憨寮、悲庵、无闷、梅庵等，室名二金蝶堂、苦兼室等，浙江绍兴人。工诗文，作品别出机杼；擅书法，作品自成一格；精篆刻，作品刚劲有力；善绘画，为清末写意花卉之开山。

此图系清同治十一年（1872）赵之谦为程守谦所作，描画茂密枝叶下悬挂若干大小不一的葫芦的画面，构图饱满，墨色变化自然。画家在作品中融入对碑学线条、印章图法的领悟，使其画作中的线条呈现婉转圆通、刚柔并济、苍厚古拙的金石趣味。葫芦叶、枝条以极具书写性的笔法绘制，奇崛雄健，每一叶杆皆可见中锋笔势，笔断意连，整体虚实相生、疏密相间、主次有序。

葫芦又名瓠，民间流传着这样一句谚语：“厝内一粒瓠，家风才会富。”“葫芦”谐音“福禄”，“蔓”又与“万”谐音，青翠的葫芦攀附藤蔓，繁茂生长，有着福禄万代的美好寓意。“左瓢右瓢，可盛千百福禄；大肚小肚，能容天下万物。”葫芦具有丰富的吉祥内涵，有富贵长寿、人丁兴旺、繁盛昌荣的寓意。

此作品落款“葫里葫图”，谐音“糊里糊涂”，诙谐地道出了画家的禅意心声。难得糊涂是人生的大智慧，若能抱朴守正，知足而惜福，便能获得长久的愉悦。

（张宝英／文　福建博物院／图）

图书在版编目（CIP）数据

福建文物里的“福”文化 / 傅柒生主编 . 福州 : 福建人民出版社， 2024. 12 --ISBN 978-7-211-09698-5

Ⅰ. G127.57

中国国家版本馆 CIP 数据核字第 2024ES1498 号

福建文物里的“福”文化

FUJIAN WENWU LI DE FU WENHUA

主　　编：傅柒生
策划编辑：孙　颖
责任编辑：周跃进　李雯婷
助理编辑：林冰慧
美术编辑：白　玫
责任校对：李雪莹
出版发行：福建人民出版社　　电　　话：0591-87604366（发行部）
网　　址：http://www.fjpph.com　电子邮箱：fjpph7211@126.com
地　　址：福州市东水路 76 号　邮　　编：350001
经　　销：福建新华发行（集团）有限责任公司
印　　刷：福州德安彩色印刷有限公司
地　　址：福州市金山工业区浦上 B 区 42 幢
开　　本：890 毫米 ×1240 毫米　1/32
印　　张：16.5
字　　数：329 千字
版　　次：2024 年 12 月第 1 版
印　　次：2024 年 12 月第 1 次印刷
书　　号：ISBN 978-7-211-09698-5
定　　价：128.00 元（共两册）

福建文物里的『福』文化

下册

不可移动文物里的福

FU IN IMMOVABLE CULTURAL RELICS

福建省文物局 出品

傅柒生 主编

海峡出版发行集团 | 福建人民出版社

THE STRAITS PUBLISHING & DISTRIBUTING GROUP | FUJIAN PEOPLE'S PUBLISHING HOUSE

序

“福”以开篇！

福来福往，人见人爱，文华文话，物言物语。

福建福现，现在文化中，建在文物上。“福”蕴福建文化间，“福”藏福建文物里；福建文化蕴含“福”，福建文物藏有“福”。

福建省文物局组织全省文博单位和专业人员精心编著了《福建文物里的“福”文化》一书，设《可移动文物里的福》和《不可移动文物里的福》上下两册，几经努力，几番修改，最终成稿。

《可移动文物里的福》分册列有四章：

第一章，岁月寻福，呈现旧石器时代至当代的时光年轮；

第二章，民俗送福，呈现福建人民丰富多元的民间信俗；

第三章，工匠造福，呈现福建手工艺人坚守的匠心独运；

第四章，生活享福，呈现有福之人日常而多彩的衣食住行。

《不可移动文物里的福》分册亦分四章：

第一章，厝饰崇福，体现建筑雕饰上的“福”文化元素所承载的吉祥寓意；

第二章，信仰祈福，体现精神力量铸就护佑幸福安康的执着信仰；

第三章，筑业谋福，体现福建人民对幸福定义的持续拓展与锚定追求；

第四章，勒石惜福，体现碑铭题刻中所承载的烙印分明的有福记忆。

诚哉！福当共建，福以共享，福可共现，于斯文中，于福建文物里。乐见《福建文物里的“福”文化》一书编辑完成，即将付梓，可喜可贺。

“福”以回味！是以为序。

傅柒生

（福建省文化和旅游厅副厅长、福建省文物局局长、中国博物馆协会副理事长、研究馆员）

目录

崇福

Chóng Fú

不可移动文物里的福

三坊七巷和朱紫坊建筑群之衣锦坊水榭戏台

年　　代：明至民国
级　　别：全国重点文物保护单位
地　　址：福州市鼓楼区衣锦坊 4 号

◆ 水榭戏台藻井

衣锦坊水榭戏台原为乡绅宅第，始建于明万历年间，清道光年间成为郑姓家族的私家住宅。水榭戏台建在水池上，呈四角形，杉木结构，是福州地区唯一现存的民居戏台。

水榭戏台九脊歇山顶，檐下夹角有雕花弓梁垂柱，方形藻井上雕刻有蝙蝠和鹤，分别象征福、寿，寓意福寿双全，满含建筑主人对幸福生活的美好期待。戏台后有化妆室，屋脊灰塑造型独特，别具风格。戏台下水池清澈见底，鱼儿嬉戏。每年农历正月初三或有婚嫁等喜事时，主人都会邀请亲朋好友在戏台对面花厅一边宴饮、品茗，一边听曲看戏，好不惬意。

（陈毓彪 / 文　林振寿 / 图）

三坊七巷和朱紫坊建筑群之小黄楼

年　　代：明至民国

级　　别：全国重点文物保护单位

地　　址：福州市鼓楼区黄巷 34—36 号

◆ 小黄楼半边亭

小黄楼相传为唐代名儒黄璞故居旧址，现存建筑是清道光年间梁章钜修葺的，是福州市现存最秀美的古式花厅园林，造型小巧玲珑。建筑坐北朝南，正座西侧花厅为双层小楼，大厅金柱扛梁上方内侧木雕极为罕见，嵌各式木雕彩绘贴金人物。二楼为主人的藏书阁，各有九扇楠木制花格门。楼上花格栏杆，通透式宽敞走廊，檐口吊柱、顶饰、雀替均精雕细刻。楼南的假山用天然的太湖石筑就，凿曲径盘旋通楼上，上有一座木构的半边亭，三面悬空，一面靠墙，四檐翘角，亭内的斗拱、垂柱上以松鼠、燕雀、蜻蜓、谷穗、玉米等动植物雕饰传递了福泽绵长、富足祥和的美好愿景。在凉亭上俯瞰，整座园林尽收眼底，其乐无穷。

（陈毓彪 / 文　林振寿 / 图）

三坊七巷和朱紫坊建筑群之芙蓉园

年　　代：明至民国

级　　别：全国重点文物保护单位

地　　址：福州市鼓楼区朱紫坊 34 号、36 号和花园弄 19 号、23 号芙蓉园始建于宋代，原为宋代参知政事陈韡的芙蓉别馆，因陈韡在此遍植芙蓉而得名。明代为首辅叶向高别墅，清代为龚易图花园，民国初年为钟讷住宅。临近安泰河，闹中取静。园内亭台、楼阁、假山、水池、雪洞等设计巧妙，错落有致。亭榭楼台结构别致，假山奇石布置精巧，古木参天，景随步移。园内有形似达摩面壁、龟、蛇等造型的山石，在展现园林主人修身养德的文人传统情操的同时，表达了长寿安康、增福增慧的吉祥祈愿。

（陈毓彪 / 文　林振寿 / 图）

芙蓉园假山奇石

林则徐宅与祠之林文忠公祠

年　　代：清

级　　别：全国重点文物保护单位

地　　址：福州市鼓楼区澳门路 16 号

◆ 树德堂内悬挂的“福寿”匾额

林文忠公祠由林氏后裔及林则徐门人集资兴建于清光绪三十一年（1905），是祭祀林则徐的专祠。祠堂坐西朝东，由屏墙、仪门厅、御碑亭、树德堂、南北花厅、曲尺楼等组成。树德堂即祠厅，堂正中设神龛，中祀林则徐坐像。门楣上悬挂着清道光帝为林则徐亲自书写的“福寿”以及“功资柱石”匾额，“福”与“寿”中间有“愿卿福寿日增，永为国家宣力”竖排小字。庭院中有小池一口，后方墙面有“福寿”雕饰，展现对民族英雄以人民福祉为念作出至伟贡献的真挚感念，和对社稷无恙、国泰民安的深切祈盼。

（陈毓彪 / 文　林振寿 / 图）

林文忠公祠门墙

林

年　　代：五代

级　　别：全国重点文物保护单位

地　　址：福州市鼓楼区乌山东麓

崇妙保圣坚牢塔的塔身用规整的花岗岩大石块砌成，因外表黑色，俗称乌塔。乌塔与白塔、乌山、于山、屏山及三坊七巷等一起组成福州古城基本格局的“三山两塔一条街”，是福州古城的重要标志。后晋天福六年（941），王审知之子王延羲称帝，为自身和眷属以及臣下祈福，企盼王位坚牢，在唐代贞元年间建造的无垢净光塔旧址兴建石塔，故名崇妙保圣坚牢塔。塔有七层八角，楼阁式。每层塔壁均砌佛龛，龛中嵌镶黑色页岩浮雕佛像。

第七层南壁嵌有祈福题名碑、祈福书，所刻官职、人名均为闽国皇亲重臣，且均为夫妻共祈，承载着家国强盛繁荣的愿景。

（陈毓彪／文　林振寿／图）

◆ 崇妙保圣坚牢塔雕饰

九头马民居

年　　代：清

级　　别：全国重点文物保护单位

地　　址：福州市长乐区鹤上镇岐阳村福廷自然村

◆ 九头马民居雕饰

九头马民居始建于清嘉庆年间，坐北朝南。民居坐落于马山之前，山下平地有九处岩石突起，似九匹马儿正在吃草歇息，故取名九头马。民居建筑手法完备，结构科学。建筑内小木作精巧别致，工艺精湛，藻井形式多样，装饰性木构件几乎无处不雕，内容丰富，保存完好。装饰类型包含木雕、石雕、砖饰、灰塑、壁画，手法囊括了传统雕刻、泥塑、彩绘中的各类技法，题材包括人物、花草、虫鱼、博古器物等，饱含吉祥如意的雅趣与祝福，充分体现了民居主人的喜好和对美好生活的祈愿，也反映了昭穆有序、格局井然的中国古代建筑传统理念。

（陈毓彪 / 文　林振寿 / 图）

永泰庄寨建筑群之 仁和庄

年　　代：清

级　　别：全国重点文物保护单位

地　　址：福州市永泰县同安镇三捷村

◆ 仁和庄内悬挂的“三寿作朋”匾额

永泰月洲张氏于明末迁到此地，始建仁和庄。建筑坐西北向东南。“仁和”即仁爱和谐，是中国儒家思想的核心内容之一。取名仁和庄，是对儒家传统思想的尊崇，也是对子孙践行仁和理念的期冀。庄墙用青石砌建，四个转角均有碉楼。庄寨天井各不相同，以直接镂空成铜钱钱眼状为多，皆有钱财不外流、纳福旺家业的寓意。天井排水口为青石葫芦形镂空石雕，“葫芦”谐音“福禄”，展现了福禄双全、富贵美满的美好希望。内部悬挂“三寿作朋”匾额，反映了有长寿之人为友、与志同道合者长伴的人生心愿。

（陈毓彪 / 文　林振寿 / 图）

漳州府文庙大成殿

年　　代：明

级　　别：全国重点文物保护单位

地　　址：漳州市芗城区修文西路 2 号

漳州府文庙始建于北宋庆历四年（1044），政和二年（1112）移于州治之东，南宋绍兴九年（1139）复故址，历代均有修缮，现存建筑为明代重修。

漳州府文庙既是建筑珍品，亦是文化宝藏。大成殿前竖立六根蟠龙檐柱，雕饰精美，既承载着人们对尊圣恭贤文化传统的充分重视，也凝结着学子科举得中、前程锦绣的真切期待。文庙以其广开民智的社会功能、源远流长的文化底蕴、学养深厚的人文内涵福泽后世，影响深远。如今，每逢开学、重要考试前夕，学子们总会效仿古代文人学士，前往文庙进香祈福，祈求学业有成、金榜题名，寄托美好愿景。有着数千年传承的文庙祭孔典礼薪火相继，以潜移默化的方式造福后世。

（许依静 / 文　漳州市文物保护中心、许依静 / 图）

◆ 大成殿前蟠龙檐柱

路边威惠庙

年　　代：清

级　　别：省级文物保护单位

地　　址：漳州市芗城区天宝镇路边村

路边威惠庙始建于元代，分前、中、后三殿。前殿主祀开漳圣王陈元光，殿后有四方形石砌天井，中立一青石雕石莲花，转动上部则中部出水，精巧的莲花雕饰不仅有高洁无瑕、宁静致远的美好寓意，还寄托了人们对理想生活的真诚企盼。中殿亦称保福庵，供奉观音菩萨。后殿为韩氏祖祠，亦称崇德堂，祀唐昭德将军韩器及历代祖先。

“福”是中国人特有的文化符号，是中华民族的文化基因。《尚书·洪范》篇中关于“五福”有这样的解说：“一曰寿，二曰富，三曰康宁，四曰攸好德，五曰考终命”。随着社会发展，“福”文化的内涵远不止于个人“五福”，逐渐扩大为家庭、家族、宗族乃至民族对幸福生活、美好事物和理想境界的追求。近年来，韩氏子弟不忘祖德，不舍亲谊，常有人回乡谒祖，路边威惠庙成为联结海内外韩氏亲谊的重要场所。这充分体现了韩氏族人对宗族和谐团圆的渴望，反映了人们对“福”的精神追求。

（吴舒静 / 文　郭明水 / 图）

◆ 青石雕出水石莲花

鳌浦关帝庙

年　　代：清

级　　别：省级文物保护单位

地　　址：漳州市芗城区浦南镇鳌浦村

◆ 清乾隆二年（1737）浮雕麒麟石堵板

鳌浦关帝庙由前殿、天井、正殿及过水廊道等组成。现存“纶恩”石匾一方，落款“康熙御笔之宝”。有浮雕瑞兽麒麟，寓意聚四方之财、佑祥和平安。关公信俗文化在漳州地区具有深厚的群众基础。每年关圣帝君生日农历五月十三，鳌浦村都会组织举行关圣帝君出巡活动，即闽南本地方言里所提的“闹热”。人们通过参香祭拜祈求幸福，寄托愿景。这不仅是关公忠义仁勇精神在民间影响力的体现，也激励着一代代当地人以忠义之心诚信经营、为幸福生活而努力拼搏。

（吴舒静 / 文　郭明水、邓荣昌 / 图）

平和城隍庙

年　　代：清

级　　别：全国重点文物保护单位

地　　址：漳州市平和县九峰镇东门内侧

◆ 平和城隍庙二十四孝图题材壁画

平和城隍庙始建于明代，坐北朝南。创建者为著名理学家王阳明，以其所倡之唐代著名爱国诗人王维为主神，民间尊之为都城隍尊神，为闽粤二省重要的崇奉对象。平和城隍庙庙制宏伟，特色鲜明，墙垣、梁架间多处施有壁画、彩绘，其中二十四孝、福禄寿等题材的壁画大部分保存较好，形象生动，极显珍贵。中国人自古崇尚孝道，注重维系家庭中的深厚亲情。儿孙孝顺、成员和睦的有福生活，是人们不变的追求。

（陈圣典 / 文图）

二宜楼

年　　代：清
级　　别：全国重点文物保护单位
地　　址：漳州市华安县仙都镇大地村

二宜楼始建于清乾隆五年（1740），为乡饮大宾蒋氏十四世蒋士熊所建。整座楼为双环圆形土楼，分成16个单元，共有房间213间。二宜楼文化内涵丰富，众多壁画书法传达诗礼传家、以诚待人的信条。梁架彩绘、壁画、对联、雕刻充分反映二宜楼主人治家处世的主导思想。梁柱精制，彩绘生辉，构成民居中稀世罕见的诗书画雕大雅奇观。在众多绘画中，占相当部分的是狮、鹤、凤凰、麒麟形象和“福”“禄”“寿”等字样，画尽奇珍，祈求人寿年丰、吉祥如意。

（黄江勇 / 文
华安县大地土楼保护中心 / 图）

◆ 二宜楼彩绘

南山宫

年　　代：明至清

级　　别：全国重点文物保护单位

地　　址：漳州市华安县华丰镇良埔村

◆ 南山宫藻井

南山宫始建于南宋德祐元年（1275）。建筑单纯以木结构梁架承重，不设砖石山墙。殿内明间明袱在四周均为襻间斗拱，内剔雕花鸟人物纹。明间金柱向内部位用一组品字如意斗拱。明间置八角形螺旋状藻井，高九层，均用菱形斗支顶而成，结构复杂。建筑柱、梁、枋构件和天花板之上均满绘彩画，彩绘为苏式画法，箍头部位绘缠枝花草，枋心内绘戏曲人物图或山水、博古图等，色彩艳丽。南山宫处处充满祈福文化元素，每逢庙会，台湾宗亲皆会组团到此进香，祈愿上苍庇佑风调雨顺、安居乐业。

（黄江勇／文　黄建和、黄江勇／图）

开元寺

年　　代：宋至清

级　　别：全国重点文物保护单位

地　　址：泉州市鲤城区开元街道开元社区西街

开元寺飞天乐伎木雕斗拱

开元寺始建于唐代，自创建以来就是泉州香火最旺盛的佛教寺院，既为佛教圣地，也是祈福之所，在农历每月二十六的勤佛日、浴佛节等代表性佛事盛典和元宵节、中元节，均会举行大型法会，为民众祈福，信众也会自发定期前往祈福、寻求心灵慰藉。柱头铺作及铺间有24尊衣上系飘带的迦陵频伽，手执泉州本地传统乐器，这在中国寺庙建筑中独具特色，它们既是多元文化汇聚融合的艺术结晶，也是人们祈愿圆满喜乐的生动写照。

◆ 西塔仁寿塔

◆ 东塔镇国塔

东塔镇国塔建于南宋嘉熙二年（1238）至淳祐十年（1250），西塔仁寿塔建于南宋绍定元年（1228）至嘉熙元年（1237）。东西塔是中国现存最高的一对宋代石塔，结构非常合理，抗震性极强。造桥、铺路、建寺、建塔一向被视作积德行善之举，也承载着人们祈求福寿绵长的美好愿望。东塔镇国塔五层八角，外壁依照佛教五乘等级排列，自上而下分别浮雕 16 尊佛、16 尊菩萨、16 尊罗汉、16 尊高僧、16 尊诸天神将造型，整塔共 80 尊，代表佛教修行的五种境界以及他们在世界上负有的自身修行和普度众生的责任。西塔仁寿塔每层交替雕刻着金刚力士、诸天神将、高僧、菩萨以及皈依佛教的帝王太子等人物，代表佛教所弘扬的众生佛性平等理念。与此相呼应的则是须弥座雕刻的双龙戏珠、双狮戏球及祥花瑞草等轻松欢快的鸟兽花卉图案，传递着广纳福气、吉祥安康的祝愿。

（黄明珍 / 文　泉州市文物局 / 图）

◆ 西塔仁寿塔须弥座双狮戏球题材雕饰

泉州天后宫

年　　代：清

级　　别：全国重点文物保护单位

地　　址：泉州市鲤城区临江街道隘南社区天后路 1 号

泉州天后宫始建于南宋庆元二年（1196），以正殿和寝殿最具特色。正殿是供奉妈祖圣像的地方，台基基座由花岗岩砌筑而成，基座上浮雕鲤鱼化龙、八骏云火、鹤舞云中、法器花卉等图案，廊檐明间有一对辉绿岩镂空透雕龙柱，殿内后照壁保存一幅清代壁画——《敕封天上圣母》。建筑正脊两端各立剪瓷雕龙，中间为二龙戏珠造型，四岔脊头为凤凰图案，色调鲜艳，造型精美。在中国传统文化中，龙与凤被视为祥瑞，龙凤呈祥的装饰主题承载着对美满祥和、繁荣昌盛的向往。寝殿前檐柱明间保存一对辉绿岩雕刻的印度教石柱，柱身外形呈十六角，突出上中下三部正方形画面，以圆光凸线作画面的轮廓线，圆光内浮雕四合如意、六出梅花锦带及四季花等吉祥图案，风格独特，满含美好寓意。

（黄明珍 / 文　泉州市文物局 / 图）

寝殿廊檐印度教石柱

正殿基座鲤鱼化龙题材雕刻

正殿后保存的清代壁画

◆ 天后宫正殿石雕龙柱

崇福寺应庚塔

年　　代：北宋

级　　别：全国重点文物保护单位

地　　址：泉州市鲤城区开元街道红梅社区崇福寺口 1 号崇福寺内大雄宝殿旁

◆ 仰视应庚塔

崇福寺应庚塔于北宋熙宁元年（1068）建造，为八角七层仿木构楼阁式实心石塔，高10.9米，纤秀欹斜。相传此塔能"应利欹斜"，塔斜向哪方，哪方就风调雨顺，五谷丰登，故得名应庚塔。也有人把它和意大利的比萨斜塔相媲美，称其为中国的斜塔。宋时佛教繁荣发展，塔中有安放舍利子的石函，曾是人们重要的精神寄托，承载着平和无忧、健康长寿的美好愿望。

（鲤城区文化体育和旅游局/文图）

泉港土坑村古建筑群

年　　代：清

级　　别：全国重点文物保护单位

地　　址：泉州市泉港区后龙镇土坑村

明初刘氏先祖由莆田迁居土坑，明清时期土坑刘氏起于海耕，发展于海上贸易，逐渐衍成望族。从明永乐年间至清乾隆年间，刘氏子孙以刘氏祖祠为中心建起许多古厝，形成南北两片四横五纵、错落排列、布局规整有序的海港街市格局的宏大民居建筑群。行船走海三分险，土坑村的海商们长期从事危险与机遇并重的海上贸易，将对于家族安宁健康的美好愿望寄托在建筑上，特别是砖雕，布局讲究中轴对称，常见分布于大门两侧的对看堵及镜面墙上，无不蕴含着丰富的“福”文化，常见有鹤鹿同春、松鹤延年、必（笔）定（银锭）如意、富贵（牡丹）平（瓶）安（鞍）图案等，厝主人还会将传世祖训或个人生活观、世界观等主题融入其中，将砖雕艺术与人生哲理有机地结合起来。

泉港土坑村古建筑群的砖雕

◆ 泉港土坑村古建筑群的砖雕

泉港土坑村古建筑群是同一家族不同发展阶段、不同功能建筑组合、集中规划建设的极佳范例，成为土坑刘氏家族成功经营海洋贸易的历史见证，也成为这一时期泉州海商文化的典型代表。

（黄明珍 / 文　泉州市文物局、肖良水 / 图）

陈埭丁氏宗祠

年　　代：明

级　　别：全国重点文物保护单位

地　　址：泉州市晋江市陈埭镇岸兜村

◆ 丁氏宗祠门楣上方的吉祥鸟木雕

陈埭丁氏宗祠始建于明初，明万历二十八年（1600）重建，并加以扩大，奠定了今日的规模。清代进行过四次大修。宗祠坐北朝南，建筑整体以回廊围合成院，砖、石、木构造。陈埭丁氏是阿拉伯侨民的后裔，元代其先祖到泉州经商，元末明初因战乱避居陈埭，隐姓埋名，以其元代官拜平章政事的先祖赛典赤·瞻思丁名字里的尾音“丁”字为姓，仿效汉人建宗祠，聚族而居。经数代繁衍，丁氏成为地方大族，号称陈埭万人丁，陈埭也成为福建省最大的回民聚居地。陈埭丁氏宗祠是福建省内历史最悠久、规模最宏大、保存最完整的回族祠堂。宗祠中轴线自南至北为半月池、门埕、前厅、前庭院、中堂（主殿）、后庭院、后殿，逐次增高，蕴含着宗族蒸蒸日上、步步高升之意。中堂最引人注目的是门楣上方的木雕以及廊心墙的石雕阿拉伯文组字装饰，特别是镶于正门门楣上方中央的鸟形图案木雕，传说是伊斯兰教吉祥鸟，寓意吉祥与安宁。

（黄明珍 / 文　泉州市文物局、徐维耕 / 图）

南安中宪第

年　　代：清

级　　别：全国重点文物保护单位

地　　址：泉州市南安市石井镇石井社区

◆ 南安中宪第喜上眉梢题材木雕

南安中宪第始建于清雍正六年（1728），因户主郑运锦长子郑汝成授州司马并诰封中宪大夫，故称中宪第。中宪第雕饰精美，在木作及装饰上独具匠心，廊轩替木、斗拱、插屏等几乎无处不雕。雕刻的形式有浅雕、浮雕、透雕，内容包括历史典故、飞禽走兽、文房四宝等，用具有美好寓意的吉祥图案将人们对幸福生活的向往表现在与其朝夕相处的建筑雕刻上。工匠利用不同木材的不同颜色，搭配成各种花窗图案，甚至把木头天然的蛀伤结疤融入构图，使它们成为瓜果虫眼或老藤枯木等形象，妙趣天成。中宪第集当地各种传统建筑艺术于一炉，是清中期闽南古民居建筑的优秀代表作。

（黄明珍 / 文　泉州市文物局、曾文国 / 图）

蔡氏古民居建筑群

年　　代：清

级　　别：全国重点文物保护单位

地　　址：泉州市南安市官桥镇漳里村漳州寮自然村

◆ 德棣厝下落屋脊脊堵灰塑

蔡氏古民居建筑群系旅菲华侨蔡启昌及其子蔡资深于清同治六年（1867）至宣统三年（1911）期间兴建。严谨的组织结构和空间布局反映出传统的理学思想、家族制度的深远影响；而根源于地域环境的海洋文化外向性特质又造就了蔡氏古民居建筑群与众不同的浓烈色彩。大胆夸张的建筑造型和精美的建筑装饰是闽南传统文化这一中华传统文化体系中独特的地域文化的突出见证，并对其后的建筑形态产生了较为深远的影响。

◆ 世祐厝门廊仪门“德门”门额

◆ 世祐厝门廊仪门“福地”门额

蔡氏古民居建筑群蕴藏着丰富多彩的“福”文化元素，表达祈福愿望的吉祥图案随处可见，包括世祐厝门廊仪门“德门”门额、“福地”门额，德梯厝门廊“福”石雕堵、“禄”石雕堵、“德门”门额、“福地”门额、厅堂隔屏“福禄寿”等。

（曾文国/文　魏文枢、曾文国/图）

坂埔古厝

年　　代：清
级　　别：全国重点文物保护单位
地　　址：泉州市南安市英都镇良山村坂埔自然村

◆ 顶点金

坂埔古厝始建于清乾隆年间，由洪光乘、洪开泰父子所建。

“福山福地福人居”，坂埔古厝建筑群的选址与营造充分体现了天人合一的哲学思想。建筑群整体保存较好，依山、面田、临水，规模宏大，布局讲究，与自然山水融为一体。如弓如曲布局的13座民居中，尤以顶点金保存较为完好、雕饰较为精美，红砖白石，雕梁画栋，随处可见砖雕、木雕、石雕，工艺精巧，纹饰多样，线条流畅，构图巧妙，立体感强。纹饰有八仙人物、花鸟草鱼、龙虎狮象等。石质柱础样式各异，或圆形，或方形，或八角形。雕刻技法包括平雕、透雕、浮雕。整个建筑充分体现了泉州地区古建筑巧、美、秀、雅的风格，各种寓意吉祥的雕饰也传递着厝主人对顺遂无虞和富贵安宁的美好憧憬。

螭虎团炉题材雕饰

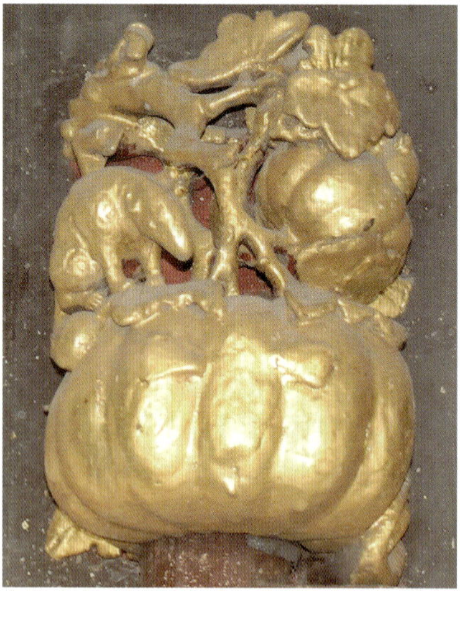
老鼠啃南瓜题材雕饰

建筑细部富含“福”文化元素。大门左右的木质螭虎窗用花卉、云朵等形状组成线条，勾勒出龙头、龙身、龙足等，配以香炉图案，形成螭虎团炉题材雕饰。螭虎身体弯曲细长，表示长寿之意。闽南民居的入口常见双重门，高只及腰者称为腰门。顶点金腰门门臼上端饰以妙趣横生的老鼠啃南瓜题材雕饰，老鼠繁殖力强，南瓜亦多籽，加之藤蔓，寓意多子多孙，福运绵长。

“落其实者思其树，饮其流者怀其源。”从坂埔古厝走向海外的族人打拼致富后回乡参与建设公益事业、保护文化遗产的行动，是优秀传统文化传承的生动实践。

（卢培峰 / 文图）

永春福兴堂

年　　代：1947 年

级　　别：全国重点文物保护单位

地　　址：泉州市永春县岵山镇塘溪村

永春福兴堂始建于民国时期，由门厅、天井、两厢、正厅和左右护厝组成，屋脊、山墙、檐下、梁架、柱、门窗、地面等部位的装饰尤为丰富。屋脊的正脊、垂脊上装饰剪瓷、灰塑，有花鸟、走兽等吉祥动物的造型。山墙上灰塑彩绘花、鸟、龙、狮头、神仙人物、云纹等。檐下水车堵位置用灰塑和彩绘绘制博古、吉祥花卉、人物等纹饰。屋内木构梁架上采用各种技艺雕刻出丰富的形态，如斗座用圆雕雕出花鸟、狮子造型，垂花吊筒用圆雕雕出宫灯、莲花造型，斗拱、雀替则浅雕花鸟、人物等纹饰。

◆ 福兴堂山墙雕饰

正立面砖柱饰九曲篆书“福如东海”“寿比南山”“金玉其章”等文字，窗为圆形镂空石雕，以白花岗岩石为框，内以辉绿岩镂空雕四海游龙、人物等图案。正门上方有“福兴堂”长方形匾额，两侧有天官赐福浮雕和门簪，额上饰有高浮雕戏曲人物故事，侧门门额饰蕉叶形，刻“齐家”“爱国”字样，两侧雕刻神仙人物图案作装饰。福兴堂整体规模宏大，装饰无处不精，许多出自名家之手，内部墙体多以辉绿岩、白花岗岩石构筑，辅以影雕、镂空雕、浮雕、高浮雕等雕刻技艺，雕琢的历史人物、珍禽异兽、鱼虫花鸟、山水树木等栩栩如生。福兴堂不仅建筑名称带“福”，整体建筑的木雕、石雕、砖雕、灰塑、彩绘等也无一不是“福”文化在民居建筑上的集中展现，饱含居住者对拥抱幸福未来的长久热望。建筑内还留有近代莆田著名画家李霞，清末举人、著名诗人郑翘松和惠安著名瓷画家陈尧民等的书法和画作，因此被誉为“闽南传统建筑技艺的绝唱”。

（黄明珍 / 文　泉州市文物局 / 图）

◆ 福兴堂屋脊雕饰

◆ 福兴堂左厢侧门上方灰塑

屈斗宫德化窑遗址

年　　代：宋至明
级　　别：全国重点文物保护单位
地　　址：泉州市德化县浔中镇、三班镇、盖德镇

◆“长寿新船”款瓷器

屈斗宫窑址 1976 年经考古发掘揭露出一处元代分室龙窑窑炉遗址。窑床上发现大量烧瓷所用的窑具，出土的各类瓷器残件主要为元代白瓷，产品有碗、盘、执壶、粉盒、杯、军持等十余种，有的粉盒盒盖上印有“长寿新船”字样。

为使陶瓷器物在日常生活中产生艺术之美，陶瓷装饰工艺应运而生，德化瓷传统装饰技艺手法有篦划、印花、刻花、雕塑、透雕、青花、贴花、添彩等，制成莲瓣纹、缠枝花纹、龙纹等象征祥瑞的图案及各种吉祥文字。德化的陶瓷匠人在制作陶瓷器的过程中，也将民间“福、禄、寿、喜、财”的“五福”内涵通过各种装饰手法表现在陶瓷器上，展现了匠人们和产品购买者对幸福美好生活的追求和向往。

（黄明珍 / 文　泉州市文物局 / 图）

正顺庙

年　　代：明
级　　别：全国重点文物保护单位
地　　址：三明市三元区列西街道河西路 6 号

正顺庙是当地乡民奉祀地方神祇谢祐的庙宇，始建于南宋绍定六年（1233）。相传谢祐精通道术，为百姓降妖除魔、消灾祛病，人们的生活得到改善。据考证，正顺庙建成后，元、明、清、民国均进行修缮与扩建。根据其庙志、碑刻及内梁墨书记载，庙宇主体自建成后未曾倒塌损毁，所以建筑主体较好地保留了各历史时期的建筑特征及艺术风格。如主殿内四根大型梭柱及覆盆式柱础保留了宋代建筑的特点；藻井、乳栿、驼峰等木构件装饰着明代彩绘，色泽如新，内容多为仙鹿灵芝、喜鹊梅花、鱼跃龙门等传统图案，寓意美好。特别是明间及次间的童柱，装饰成八个双面人头兽面瑞兽模样，面目狰狞，威猛神秘，颇具地方特色，也寄托了民众祈盼福佑一方的祝愿。

（三明市博物馆／文
傅春旭／图）

◆ 人头兽面童柱

◆ 正顺庙驼峰雕饰

◆ 正顺庙叉手拱雕饰

泰宁尚书第

年　　代：明
级　　别：全国重点文物保护单位
地　　址：三明市泰宁县泰宁古城

◆“五福堂”小字

泰宁尚书第又称五福堂，是明代天启年间协理京营戎政兵部尚书李春烨的府第，始建于明天启年间，是富有泰宁地方特色的三厅九栋式传统木构架建筑。“五福堂”三个字镌刻在尚书第第二幢四世一品门楼正上方，四世一品门楼是尚书第最为精美的部分，蕴含着丰富的祈福元素。门楼最上方是圆雕、高浮雕结合的状元出行仪仗队造型，雕刻着吹拉弹唱的乐手、撑伞的侍女、整齐划一的仪仗队、骑着骏马的状元，刻画出读书人考取功名后敲锣打鼓、荣归故里的热闹场景。中间阴刻“五福堂”三个红色小字，“五福”原出于《尚书·洪范》，这里又与尚书第的主体五栋相吻合。下方阴刻楷体“四世一品”四个漆金大字，“四世一品”指的是皇帝赐准主人李春烨及其长辈共四代人享有一品官的待遇，这是光宗耀祖的至高荣誉，也是对后人最好的勉励与期许。

“四世一品”大字两侧雕刻着两位天官，头戴官帽，身穿蟒袍，脚蹬官靴，一人双手恭捧官帽，一人双手恭捧官印，象征着主人家祈盼官运亨通的美好愿望。门楼上还雕刻有凤穿牡丹、丹凤朝阳、缠枝花卉、包袱锦造型，雕工精湛，栩栩如生，象征着祥瑞和富贵。

除四世一品门楼外，尚书第建筑群内的祈福元素比比皆是，如象征着官运生活节节高的竹叶和竹子造型，须弥座上寓意福气的万字纹和葫芦纹，封火墙帽上书写的“天官赐福”，屋脊上镇威辟邪的老虎造型，激励后代子孙考取功名、高官厚禄的宋代官帽造型屋脊，等等。

（丁敏／文　朱俊杰、叶仁智、王晓苏／图）

◆ 捧印天官雕饰

◆ 捧帽天官雕饰

◆ 封火墙帽上书写的“天官赐福”

◆ 凤穿牡丹题材雀替

永安抗战旧址群之萃园

年　　代：1938 年至 1945 年

级　　别：全国重点文物保护单位

地　　址：三明市永安市燕西街道吉山村

◆ 萃园仪门"福"字雕饰

萃园始建于清顺治四年（1647），由门楼、两道围墙、半月池、下堂、天井、厢房、上堂、护厝组成园林式书院建筑。梁枋、雀替、驼墩、窗棂等木构件雕刻精细，彩绘精美，是吉山村现今保存最完好的清代早期书院之一。

萃园正厅礼圣厅的厅堂上方挂着一块题有"耕读济世"四字的匾额，这是萃园的主人刘奇才创办书院的宗旨，也是吉山村世代传承的古老家训，意思是勤耕勤读，做济助世人的有益之人。能进入萃园内庭的有四道门径："耕、厨、仪、礼"四门，学子们每天入萃园习修，带着家人和宗族的期望与福愿，勤恳发奋，这四道门饱含对莘莘学子的美好祝愿，在此福地习读，也必会福气盈门。

在仪门的右下角有一个砖砌的双面"福"字，不引人注目却蕴含深意，寄托着对读书者心怀鸿鹄之志、有朝一日金榜题名的鼓舞。

（永安市博物馆／文　永安市博物馆、罗健／图）

安贞堡

年　　代：清
级　　别：全国重点文物保护单位
地　　址：三明市永安市槐南镇洋头村

安贞堡始建于清光绪十一年（1885），是一座围龙屋式建筑，外观古朴庄严。外墙用厚石垒砌加土夯制，内部则是院落式木构建筑。安贞堡亦是一个艺术世界。堡内的屋檐、门扇、窗棂、柱础、斗拱、梁架、雀替上随处可见雕刻、彩绘或泥塑。前门的门扇上绘有守卫的武将，正厅的大门上绘有恭迎来客的文臣。窗棂雕有竹报平安、麒麟献瑞、龟鹤延年等图案，正厅的石柱础上镂雕着农耕图、渔樵图、卷云花卉等。楼层走廊呈半封闭式，以带有各种图案的开光式窗拦隔，有方形、菱形、圆形、扇形等。走廊的垂柱端头也雕成灯笼式、瓜果式……花样繁多。斗拱则有卷云式、花卉式，雀替有龙凤式……尤其是在木楼第一层屋檐的上部，有一组组泥塑、彩绘。这些雕饰的题材来源于戏曲故事和古典小说，如《三国演义》《世说新语》《西游记》《封神演义》等，还有一些民间传说，无不凝结着平安如意的美好愿望。

◆ 大门文臣彩绘

堡内“福”文化元素不胜枚举——

龙凤送福：客厅神龛上摆放寓意吉祥的龙凤福背景，寓意龙凤呈祥。

龟鹤送福：安贞堡主人在卧室的门扇上雕刻仙鹤和乌龟造型，寓意长命百岁。

瑞鸟送福：由各类象征祥瑞的鸟类壁画组成“福如东海”四个字，寓意百鸟朝凤，吉祥如意。

晋升之福：堡内有唐朝徐茂公和魏征的人物画，他们手拿官帽与酒壶，寓意加官晋爵。

多子之福：厅堂有南瓜形柱础，南瓜的籽比较多，寓意多子多福、儿孙满堂。

尽孝之福：安贞堡主人几代单传，希望家中人丁兴旺，有人养老送终，所以把一扇窗户做成钟形。

（罗志杰 / 文图）

◆ 龟鹤延年题材雕饰

◆ 钟形窗户

沧海畲族建筑群之龙德堂

年　　代：清

级　　别：省级文物保护单位

地　　址：三明市永安市青水畲族乡沧海畲族村

『麟趾』雕饰

『凤毛』雕饰

龙德堂由钟定坤于清乾隆十七年（1752）建造，由正房、厢房、下堂、檐廊、庭院、天井、游廊、过水廊、排屋、习文厅、绣花间、围楼等组成。

龙德堂的大门属八字门，在古代，唯有品阶高的人家才能建造八字门，普通的人家不能随便建造八字门。门口雕刻着麒麟和狮子对峙的造型。

龙德堂厅堂建造的特色之处在于雕饰，窗户上的鱼形雕饰寓意年年有余，鱼跃龙门，而旁边的鹿、葫芦、蝙蝠、仙鹤、喜鹊造型寓意福禄寿喜；厅梁两侧雕刻文字，左边是“麟趾”，右边是“凤毛”，“麟趾”即麒麟之脚或踪迹，“凤毛”即凤凰的羽毛，麒麟和凤凰都是古代传说中的祥瑞之兽，当时的人们认为，出现祥瑞之兽的地方能出贵人，这里寄托着人才辈出、子孙贤能的美好心愿。

（永安市青水畲族乡人民政府／文　永安市青水畲族乡人民政府、戴安琪／图）

仙游文庙

年　　代：清
级　　别：全国重点文物保护单位
地　　址：莆田市仙游县师范路 1 号

仙游文庙的前身为始建于唐代的清源县学，北宋咸平五年（1002）由县尉段全组织迁至今址。现存建筑群为清乾隆四十五年（1780）重修时的基本格局。仙游文庙是古代仙游最大的教育场所，也是福建地区雕刻装饰工艺极具代表性的文庙。大成门的两侧有“祥麟威凤”“神龙灵龟”两幅砖雕。麟、凤、龙、龟四种瑞兽的象征意义合而为一，寓意着吉祥、富贵、长寿。大成殿是文庙的主体建筑，殿前有两对青石蟠龙石柱，一对雕刻仙鹤，象征祥瑞和功名；另一对雕刻九条鲤鱼，寄托了鱼跃成龙的美好寓意，也暗藏着九鲤湖跨鲤升仙的传说。

◆“祥麟威凤”砖雕

◆“神龙灵龟”砖雕

◆ 南极仙翁题材木雕

◆ 麻姑采芝题材木雕

殿前垂莲柱外侧饰以人物造型透雕，作品主题分别为：孔明出师进表、狄仁杰望云思亲、赵抃一琴一鹤入蜀赴任、苏武持节牧羊、南极仙翁、麻姑采芝，他们代表着忠孝廉节的美好品质以及吉祥长寿的美好愿景。殿内正中央倒悬着八角穹隆式藻井，藻井顶部浮雕龙纹，龙爪内握有“状元宰辅”篆刻方印，象征着仙游科甲联芳、簪缨鼎盛的历史盛景。古代仙游走出了多位宰相、尚书，他们爱国爱乡的奉献境界、崇文重教的价值追求，都是“福”文化宝贵的精神财富。

（茅玉香 / 文图）

大成殿内的藻井

天中万寿塔

年　　代：宋

级　　别：全国重点文物保护单位

地　　址：莆田市仙游县枫亭镇辉煌村塔斗山

◆ 男像观音和金翅大鹏雕饰

天中万寿塔俗称塔斗塔，又称阿育王塔，始建于五代。塔身共分四层，第一层在每面束腰处浮雕两条蟠龙，形态各异，转角雕刻四尊护塔侏儒；第二层东北面勒石碑文，其他三面束腰处浮雕花卉，转角雕四尊金刚力士；第四层四面束腰处各浮雕一尊男像观音，转角处雕刻金翅大鹏，传说是天龙八部之一，以龙为食。因而，建此塔亦含有借佛力镇压海上孽龙兴风作浪、为百姓镇海祈福之意。

枫亭镇地处海滨，历来受海水侵蚀，且天灾频发。天中万寿塔塔身的浮雕融入了佛教文化、中国儒家的尊君孝道文化、镇邪禳灾的民俗文化，承载着人们对祥和安宁生活的期待。

（仙游县文化体育和旅游局 / 文图）

枫亭麟山宫

年　　代：清

级　　别：省级文物保护单位

地　　址：莆田市仙游县枫亭镇麟山村秀郊自然村

枫亭麟山宫又称保和堂，俗称大宫，为单进廊院式建筑。大门前有辉绿岩石雕龙柱和石狮各一对。龙柱高 2.73 米，围长 1.75 米；石狮与座台高 1.32 米，宽 1.73 米。龙柱和石狮均为惠安县清代著名石雕工艺师雕刻。

相传清朝末年时局动荡，民不聊生，境内荷珠村、东林村等自发组成以六乡为主体的民间自卫组织，组建保和堂，后逐渐发展为三十八乡。麟山宫内奉祀宋代爱国名将杨延德（杨公太师），以保境安民、和睦乡里为宗旨，作为当地祈福纳祥的场所。每逢元宵佳节，麟山宫境内的三十八个自然村都要举行游灯仪式，俗称三十八乡巡游，活动持续三天，队伍以皂隶舞前引开道，巡安绕境，祈福纳祥，保佑一方平安。

（仙游县文化体育和旅游局 / 文
陈振钦 / 图）

◆ 檐廊右侧龙柱

宝严寺大殿

年　　代：明
级　　别：全国重点文物保护单位
地　　址：南平市邵武市新建路 6 号

◆“佛曰增辉”墨书

宝严寺大殿始建于唐大顺元年（890），至今基本保留明代嘉靖时期木构建筑，以及部分五代后梁到北宋乾德时期的石柱础构件。殿内三十六根大立柱，雀替等处还饰有精美木雕，涵盖龙首、凤凰牡丹等题材和万字纹。大量使用精美的斗拱与内容丰富的彩绘也是其建筑亮点。

崇信佛教的人们会来到宝严寺祈福，企盼消灾延寿、福慧双增。具体来说，宝严寺是信奉禅宗的寺庙，僧人们在塑造佛像、摆放佛像时也尤为认真、虔诚。人们希望香火灵验，自己许下的愿望都能实现。建筑上平綦枋墨书“佛曰增辉”四字，其意为佛陀就如同普照大地的太阳一般，慈悲喜舍，为人们的生命增加正能量，帮助人们离苦得乐。

（高绍萍 / 文图）

下梅大夫第

年　　代：清

级　　别：省级文物保护单位

地　　址：南平市武夷山市武夷街道下梅村

下梅大夫第始建于清乾隆十九年(1754)，是户主邹英章为庆祝自己的六十大寿而建的，邹英章因儿子邹茂轩在朝为官获诰封中宪大夫，该建筑由此得名大夫第，是四列一幢三厅四进、东阁西厢的布局。

下梅大夫第中的砖雕、木雕、石雕十分丰富，多以历史人物、民间习俗、神话传说中涉及的荣华富贵、金榜题名和衣锦还乡为题材，常出现蝙蝠、鹿、松鹤等图案，精美、细腻，象征祥瑞。蝙蝠象征“福”，鹿谐音“禄”，松鹤则寓意长寿。这不仅体现了高雅的生活情趣，还寄托了屋主人对福寿安康、生活美满的祈愿。

大夫第建筑布局与风格传递和谐之福，采用天井式布局，融入封火山墙等建筑元素，不仅美观大方，而且寓意家族内部和谐共处，家族事业蒸蒸日上。

（逄博如 / 文图）

下梅大夫第精美的砖雕

三洲戴氏民居

年　　代：清

级　　别：省级文物保护单位

地　　址：龙岩市长汀县三洲镇三洲村

◆『福』字雕饰

三洲戴氏民居建于清代，坐东南朝西北，整个建筑包括门楼、前天井、下厅、后天井、上厅及北侧横屋等，主体建筑两进三落，北侧为横屋，四周青砖墙围合，砖木结构，悬山顶，横屋后楼背立面后期设计成骑楼式风格，是当地富有特色的传统民居建筑。后楼走廊石雕扶手从右往左雕刻“富贵福禄寿满堂”字样。

民居内大部分木构件都有精致的雕刻，其中大厅卷棚托座采用镂雕工艺，制作成牡丹装于花篮的造型，或含苞或盛开，斑斓多彩。横屋厅木板墙刻有阳文，一孔一字，端庄工整。窗棂装饰由文字与图案构成，雀替工艺以浮雕和透雕为主，多为鳌鱼吐瑞、凤舞牡丹造型，立体感强且栩栩如生；文字有诸如“宜交尽鸿儒，丰待无白丁”“福寿喜”“高朋满座”“百世其昌”等吉祥语，传递着对胜友如云、繁荣兴旺的憧憬。

（丘彩绮 / 文图）

芷溪宗祠建筑之翠畴公祠

年　　代：清

级　　别：全国重点文物保护单位

地　　址：龙岩市连城县庙前镇芷溪村

◆ 六“福”同窗

翠畴公祠始建于清光绪十八年（1892），光绪二十五年（1899）竣工，是纪念黄姓第十七世裔孙黄翠畴的祠堂。主体建筑坐东朝西，外门楼朝南，是典型的围合式庭院结构。

内部吊顶彩绘色彩鲜艳，题材丰富，有锦上添花、双狮戏球、双凤朝阳等造型，生动逼真。壁画也很出彩，门厅两壁上有麻姑献寿、东方朔偷桃题材的壁画，十分传神。梁枋部位彩绘历史典故，故事性强，很有艺术表现力。隔扇为双面雕刻，格心刻有“百世流芳，千秋享祀”字样。雀替等部位深镂雕花草、鸟兽等造型，生动传神。卷棚以拱形竹节椽支撑，造型别致，托座木雕为瑞草托花篮状，十分精美。窗户上有六“福”同窗雕饰。林林总总，无不是祈求祥瑞与好运的体现。

（田文琳 / 文　黄伟毅 / 图）

采陔公祠

年　　代：清

级　　别：全国重点文物保护单位

地　　址：龙岩市连城县庙前镇庙上村复兴店

采陔公祠建于清代，是为纪念江姓十四世祖江耀香而建造的祠居合一建筑，分前落、后落。

采陔之取号，出自《诗经·小雅·南陔序》，“采陔”是采兰于南陔以供养父母的意思。以“采陔”为名，既文雅，又能体现儒家孝文化思想。

前落斯馨堂石牌门楼的建筑上，梁、柱、匾、斗拱与其他装饰全部采用洁白的大理石料，飞檐翘角，鳌头拱斗，挑檐梁托，装饰花卉，工艺精湛。斯馨堂内的楹联、壁画、文章无不体现出诗书簪缨之家风，其中有南朝江淹梦笔生花和清末监察御史江春霖等江姓历史名人典故，文采斐然，彰显着居住者奋发向上、建功立业，为家族谋福祉的人生追求。

（田文琳 / 文　黄伟毅 / 图）

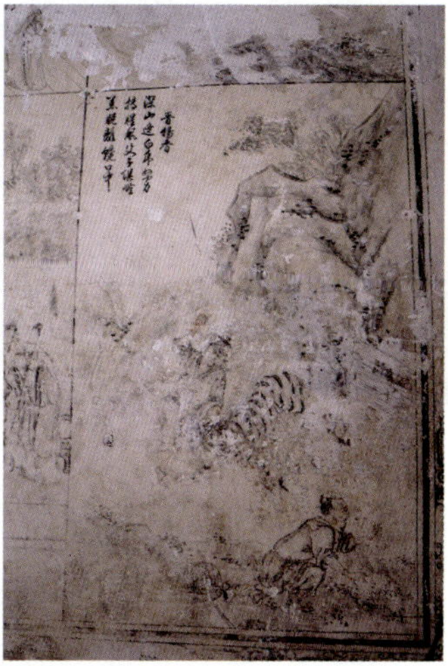

◆ 采陔公祠壁画

狮峰寺

年　　代：明至清

级　　别：全国重点文物保护单位

地　　址：宁德市福安市溪柄镇楼下村新兴路 86 号

◆ 狮峰寺藻井

狮峰寺始建于唐景福元年（892），大雄宝殿现存建筑于明万历四十年（1612）修建，清光绪年间有过重修。大雄宝殿重檐歇山顶，其建筑规制保持唐宋建筑风格。室内保留了大量的明代彩绘图案，正中间顶棚为重拱八角彩绘藻井。

福安是以诗得县、以“福”立县的，宋理宗曾批“敷锡五福，以安一县”。福天福地福山福水福安，寄托着百姓盼福、祈福的情感期待。狮峰寺是当地著名的祈福场所，大雄宝殿彩绘图案包括牡丹、茶花、梅花、荔枝、石榴、丹凤朝阳、白马驮经、猕猴献蜜、白象、狮子、孔雀、龙凤、麒麟、仙鹤等，传递着福寿安康、富贵吉祥、多子多福等丰富内涵。

（缪凌志 / 文图）

祈福

Qí Fú

不可移动文物里的福

龙峰泰山庙

年　　代：清

级　　别：省级文物保护单位

地　　址：福州市鼓楼区华大街道龙峰社区屏山山头角

清代福建省十府两州城隍壁画

龙峰泰山庙始建于明崇祯三年（1630），现存建筑保留清代风格。建筑群坐西北朝东南，依山而建，由山门、披榭、大殿、戏台、两廊、拜亭、临水宫等组成。大殿穿斗式木构架，前轩卷棚顶，悬山顶，殿内供奉温康两都统及十二元将（即十二生肖）等神祇，两廊有保稷、五谷、瘟疫等十四司神像彩绘及泥塑。两侧墙壁绘清代福建省十府两州（福州府、漳州府、延平府、邵武府、福宁府、兴化府、泉州府、建宁府、汀州府、台湾府、龙岩州、永春州）城隍壁画，其中墨绘台湾府城隍，见证了台湾在尚未建省之前曾隶属福建管辖201年之久的历史。

龙峰泰山庙供奉的是泰山部将温康二都统等。泰山是中国古典小说《封神演义》中的商朝大臣、镇国武成王黄飞虎的封号。因不满昏淫无道的殷纣王，黄飞虎反商助周，是姜子牙登坛封神时的第二位正神，被封为东岳泰山天齐仁圣大帝，居五岳之首，掌管天地人间吉凶祸福，享受人间香火。龙峰泰山庙尊福州东门外的岳峰东岳庙为祖殿。温康二都统被民间认定是泰山手下的大将。人们恳切地表达对神明的崇敬，也盼望着神明赐福于人间。

（陈毓彪 / 文　林振寿 / 图）

◆ 龙峰泰山庙供奉的三位泰山神像

张真君祖殿

年　　代：清

级　　别：省级文物保护单位

地　　址：福州市台江区星安桥巷

◆ 张真君神像

张真君祖殿始建于南宋绍兴六年（1136），扩建于明隆庆五年（1571），清初重修。祖殿坐北朝南，奉祀的是永泰县月洲人张慈观。五代十国时期，王审知治闽伊始，瘴气疠疫流行，有恶徒侵扰村庄。张慈观精通武术，为人急公好义，爱打抱不平。后被“闾山大法院”祖师许旌扬的数传弟子收为门徒。他学成下山为民除害，造福桑梓。

张真君祖殿是明清时期商贾崇祀的庙宇，当时在上下杭经商的福州及其他地区的商贾，怀着“财源不尽滚滚随潮来”的心愿，在这片可以带来财富的福地施展拳脚，他们的队伍不断壮大，组成经济实力雄厚的商帮，进行频繁的商贸经营活动。他们都把张真君奉为祖师爷，称之为商神。商神分灵各地，在海内外颇有影响。

（陈毓彪 / 文　林振寿 / 图）

显应宫泥塑

年　　代：明至清

级　　别：全国重点文物保护单位

地　　址：福州市长乐区漳港镇仙岐村

显应宫始建于南宋绍兴八年（1138），曾因风沙之灾被黄沙掩埋。后按方位出土了泥塑像 50 余尊，基本完整的有 44 尊。

泥塑像按神龛分成 5 组，每组泥塑以各自的主像为中心，有序摆放。后殿正中神台祀本地主神大王，西侧神台祀妇女儿童的保护神临水夫人陈靖姑。前殿东侧神台上供奉海神妈祖天妃，西侧神台上供奉的群塑居中者坐像高 88 厘米。

塑像形态各异，色泽鲜艳，制作精良，神情毕肖，其中大型泥塑采用木骨架包草，然后敷泥贴金制成，小型者为泥胎低温烧制而成。人们精心雕琢、用心供奉，以此表达对幸福人生的祈愿。

（陈毓彪 / 文　林振寿 / 图）

◆ 显应宫泥塑

青礁慈济宫

年　　代：宋至清

级　　别：全国重点文物保护单位

地　　址：厦门市海沧区海沧街道青礁村岐山南麓

青礁慈济宫始建于南宋，现存主体建筑重建于清代。中殿为正殿，内供吴真人神像，殿前有拜亭。宫内保存大量工艺精湛的石雕、木雕、彩绘艺术珍品，其中石雕有十二根云龙石柱、有蝙蝠图案的花瓶形石柱等，木雕大多为精雕细刻的花果瑞兽造型，如牡丹、石榴、象、虎等。

青礁慈济宫奉祀北宋名医吴夲。吴夲（979—1036），字华基，医术高超、医德高尚、治病不分贵贱。为彰显吴夲的德行，自宋代以来，历朝皇帝先后追赐封号，例如宋孝宗追封其为大道真人，明成祖追封其为保生大帝。保生大帝民间信俗承载着人们对于一生平安无灾的向往。

青礁慈济宫每年四月举办海峡两岸保生慈济文化节，吸引众多台湾同胞到此进行文化交流，为自己和家人祈福。

（厦门市海沧区文化和旅游局 / 文图）

◆ 保生大帝神像

灌口凤山祖庙

年　　代：清、民国

级　　别：省级文物保护单位

地　　址：厦门市集美区灌口镇第二社区凤山里 1 号

灌口凤山祖庙于明天启、崇祯年间始建，祀战国时期治水李冰之子（俗称二郎神）。清初扩建为庙，乾隆年间重建，清末、民国及 1998 年多次修葺。

传说二郎神曾为人们除去孽蛟，护一方平安，因此广受爱戴。人们焚香祭祀二郎神，以求消灾纳福。

建筑群坐东朝西，分前、后两殿，左、右侧建释仔宅、亭，前部有庭院。庙内石雕构件精美，有四根雕龙石柱，保留大量清乾隆五十一年（1786）石雕板、楹联石柱等。前殿外东壁立有《凤山祖庙碑记》和《祖庙经费收支公约碑记》各一方。此庙是闽台地区最早奉祀源自四川灌口的李府清源真君（俗称大使公）的庙宇，香火传承至漳州、泉州、台湾等地，以及新加坡、马来西亚、泰国、缅甸、印度尼西亚等国家，是厦门著名的寺庙建筑。

（林舜杰 / 文图）

◆ 凤山祖庙神龛

白礁慈济宫

年　　代：宋至清

级　　别：全国重点文物保护单位

地　　址：漳州市台商投资区角美镇白礁村

◆ 保生大帝神像

白礁慈济宫又称白礁宫，祀白礁民间名医、被追封为保生大帝的吴夲，南宋绍兴二十年（1150）敕建，乾道二年（1166）宋孝宗赐庙号曰“慈济”。慈济宫坐东北向西南，依山势递建，依次有门廊、前殿、天井（两侧有双层钟鼓楼）、献台、正殿和后殿。其中，后殿须弥座束腰处浮雕乐伎飞天和双狮戏球造型。

内心有爱是“慈”，帮助他人是“济”，“慈济”既是宫名，也是一种生活和工作态度，心中有“慈”才会去“济”人，宫名承载着统治者以造福百姓为己任、以民为本、为民谋利增福祉的责任感，寄寓广大百姓对保生大帝慈悲济世精神的尊崇和祛病消灾的朴素心愿。

（漳州台商投资区管理委员会社会事业管理局／文　漳州台商投资区管理委员会社会事业管理局、林华伟／图）

东山关帝庙

年　　代：明、清

级　　别：全国重点文物保护单位

地　　址：漳州市东山县铜陵镇公园街风动石景区内

关帝神像

东山关帝庙原名关王庙，又称武庙，始建于明洪武二十年（1387），历经重修。庙依山而建，坐西北向东南，由牌楼、大殿、两廊、后殿组成。庙内有许多木雕、石雕。牌楼（太子亭）以六根圆形石柱承托数百木斗拱组成，上有关于八仙过海、瑞兽图等主题的瓷雕；正殿下的水磨青石上雕刻有一条盘龙，腾云吐水，为石雕精品；现存明武英殿大学士黄道周所撰木刻楹联，弥足珍贵。

关帝庙可谓祈福圣地。相传，古时周边军队出征前要到关帝庙中祭祀问卜，祈求作战顺利，据说郑成功、施琅收复台湾前都曾在东山关帝庙祭拜过；渔人出海也会先祭拜关帝，祈求渔获丰收，一帆风顺。历年农历正月十三，渔船不出海，行人忌出门，以避“关帝爷飓”风雨之劫，并向关帝卜安祈福。

（林春华 / 文　林春华、黄志雄 / 图）

东山关帝庙太子亭

云霄威惠庙

年　　代：明、清

级　　别：省级文物保护单位

地　　址：漳州市云霄县云陵镇享堂村

云霄威惠庙由照壁、庙埕、两落一进院建筑组成，始建于唐嗣圣元年（684），北宋政和三年（1113）赐名威惠庙，历代均有重修。漳民咸尊陈元光将军为开漳圣王。威惠庙主祀开漳圣王陈元光，被海内外尊为威惠祖庙。

唐总章二年（669），年仅 13 岁的陈元光与其父归德将军陈政奉诏率中原府兵南征入闽，安定闽粤边陲，维护多民族国家的统一。陈政病殁后，陈元光袭职，开屯建堡，拓地千里，使边荒安定。唐垂拱二年（686），陈元光请准在云霄漳江之畔（今西林村）建置州治，下辖漳浦、怀恩二县，成为首任漳州刺史。后创办府学，兴农惠工，发展经济，漳州遂成闽南重镇。因此，后人为纪念开漳先贤的丰功伟绩，每逢农历二月十六陈元光的诞辰都要在威惠庙举办拜龟民俗活动。

◆ 陈元光神像

拜龟祈福民俗活动有家人健康平安、财源滚滚的美好寓意。自古以来，龟被人们视为长寿的象征，更有趋吉避凶、祈福纳吉的寓意。人们通过拜龟恭贺诞辰、祈愿兴旺，生动地展示着对开漳先贤的追远之情和对美好生活的向往。

（云霄县文化体育和旅游局／文图）

◆ 拜龟仪式中使用的龟形糕点

洛阳桥

年　　代：宋至明

级　　别：全国重点文物保护单位

地　　址：泉州市洛江区万安街道桥南社区和台商投资区洛阳镇万安村交界的洛阳江入海口处

洛阳桥是中国第一座跨海梁式石桥，原称万安桥，北宋皇祐五年至嘉祐四年（1053—1059）在太守蔡襄等人的主持下建造而成，造桥时首创的“筏型基础”“浮运架梁”“养蛎固基”代表了当时中国最先进的造桥技术。桥呈东北—西南走向，由花岗石砌筑，长 731 米，宽 4.5 米。桥上现存 4 尊宋代护桥石将军、6 座宋代石塔、6 处摩崖石刻等文物。其中，护桥石将军执剑镇守，雄姿英发，既承载着人们对桥体结构安全、长久保存的期盼，也寄托了对通过桥梁的商旅行人一路平安的美好祝愿。

造桥之前，江河阻隔，每年不知淹没多少船只和行人；造桥之后，过往行人易危为安，陆海联运迎来机遇，商贸活动繁荣开展。这座千年古桥见证了泉州人走向海洋事业、奔赴有福未来的精彩旅程。

（黄明珍 / 文　吴云轩、成冬冬 / 图）

洛阳桥护桥石将军

安海龙山寺

年　　代：明至清

级　　别：全国重点文物保护单位

地　　址：泉州市晋江市安海镇型厝村

◆ 明代木雕千手千眼观音立像

安海龙山寺古称天竺寺，又名普现殿，俗称观音殿。始建于隋皇泰年间，历代均有修缮或扩建。寺中供奉千手千眼观音，有明代木雕千手千眼观音立像。立像通体鎏金，相貌端庄慈祥，赤足立于莲台，一双主手合掌当胸，另外有一双小型手掌心向上兜于身前，作禅定印，其他 1 004 只小型手作 12 层分置身体两侧，展如蝶翼，具不同手印或执钟鼓、法螺等法器及狮、虎等动物，张开之掌心皆现一目。立像展现了明代福建木雕艺术的最高水平，系该寺最核心的文物。作为泉南著名佛教寺院、祈福圣地，寺院和千手千眼观音立像在精神和情感上传递着慈悲与吉祥之意。

（黄明珍 / 文　泉州市文物局 / 图）

惠安青山宫

年　　代：明至清
级　　别：全国重点文物保护单位
地　　址：泉州市惠安县山霞镇青山村

惠安青山宫始建于北宋太平兴国年间，祀灵安尊王，明、清四次重修。整座宫宇由主庙灵安尊王庙、文昌阁和英烈祠组成。灵安尊王庙为三进五开间硬山顶建筑，中殿供奉灵安尊王和文武判官神像。灵安尊王原是五代时镇守惠安、抵御海寇的闽将张悃。惠安方志上曾有许多关于山贼、海寇的记载，张悃因惠安“五代时天下割据，兵灾叠告，民各鸟兽四散，乡间不保”，才奉闽王之命，率兵驻扎青山，以保境安民。其保一方平安的力量满足了当时人民迫切期待安居乐业的心理诉求，因此得到当地人民的广泛拥护，并逐步衍化为地方神信仰，内涵也不断扩大，至宋代发展到全盛。青山宫的青山王信仰至今已逾千年，青山王已由单一的保护神演变成联络侨情乡谊的重要精神纽带。

（黄明珍 / 文　泉州市文物局、郭晓兵 / 图）

青山宫灵安尊王神像

清水岩寺

年　　代：清
级　　别：全国重点文物保护单位
地　　址：泉州市安溪县蓬莱镇鹤前村蓬莱山

清水岩寺始建于北宋元丰六年（1083），元祐七年（1092）佛门禅师陈普足（即清水祖师）在此处修行，蓬莱人为之集资兴建岩宇。该寺经多次重修，整体建筑主要有蓬莱祖师殿、海会馆、三忠庙、护界宫等，其中，祖师殿前有两根清代辉绿岩蟠龙石柱，雕工细腻，线条流畅，内奉主神清水祖师塑像。

清水祖师为北宋名僧，苦行修炼，“道行精严，能感动天地”，一生以行弘法，“利物为本，济人为志”，死后“本州亢旱，祷祈感应”，百姓感恩，崇奉为佛，尊称他为清水祖师。南宋时，清水祖师四次获得朝廷敕封。清水岩寺是当地重要的祈福场所，从这里分炉到各处的清水祖师庙都以清水岩寺为祖庙，这便是蓬莱祖殿的缘起。清水祖师在中国的闽台地区和东南亚各国有着广泛的影响，承载着人们阖家平安、事业兴旺的人生夙愿。

（黄明珍 / 文　泉州市文物局、郑明清 / 图）

◆清水祖师神像

石壁张氏家庙

年　　代：清

级　　别：省级文物保护单位

地　　址：三明市宁化县石壁镇石碧村

张氏家庙供奉牌位的正堂

石壁张氏家庙始建于清康熙五十三年(1714)，主体建筑面阔五间，进深五柱，八字开大门，四柱三间三楼式，檐下饰三层如意斗拱出跳，下堂做门廊形式，人字形轩顶。抬梁穿斗混合式结构，悬山顶。前廊为卷棚轩顶，明间悬“敦本堂”匾额，神龛供奉张氏肇基以来各世祖神牌位，前埕右侧尚存方形及八角形旗杆底部各一支。

三百多年来，宗祠之所以在客家祖地之宝地上完好如初，得益于宗族后裔始终不忘根基、尊祖睦宗、团结奋进的血脉传承。祠堂的修建反映了缅怀先人的传统和人们对家族兴旺、传续家风的重视。

（石壁张氏家庙 / 文图）

宁海桥

年　　代：元

级　　别：全国重点文物保护单位

地　　址：莆田市荔城区黄石镇桥兜村和涵江区白塘镇镇前村之间

宁海桥始建于元元统二年（1334）。由于地处木兰溪入海口附近，溪海汇流，水阔流激，屡圮屡修，历时15年才完成。宁海桥仿洛阳桥而建，具有宋代石梁桥的建筑风格。石构平梁式，全长225.7米，宽5.8米。桥面用75块巨型石条铺设而成，桥面两旁设有石扶栏，望柱头均雕有姿态各异的石狮，是镇桥纳吉的瑞兽，寄托着人们远离水患的朴素心愿。桥两端立着高约3米、头戴盔身披甲、手执长剑、威武雄壮的护桥将军石像，以将军之勇武护佑来往平安，其中桥北两尊系明代雕造原件，桥南两尊为1984年重雕。

（陈敬兵/文　陈敬兵、余美琴/图）

◆ 宁海桥镇桥石狮

湄洲妈祖祖庙

年　　代：清

级　　别：全国重点文物保护单位

地　　址：莆田市湄洲岛

湄洲妈祖祖庙始建于北宋雍熙四年（987），寝殿、正殿、圣父母祠和升天古迹是祖庙建筑群中的主要建筑，也是妈祖信仰的主要载体。妈祖生前扶危助困，济世救人，深受人们爱戴，升天后又有许多美好的传说一直流传，随着这些传说不断演绎发展，妈祖“立德、行善、大爱”的精神传播到世界各地。

据统计，如今世界上有妈祖信众3亿多人，妈祖庙1万多座，遍布美国、日本、新加坡、印度尼西亚、马来西亚、菲律宾、泰国、越南、缅甸等多个国家和地区，妈祖信俗也展现了人们对于战胜困难、心存大爱的不懈追求。

湄洲妈祖祖庙是妈祖庙之祖庙，世界上所有的妈祖庙都是从湄洲分灵出去的，湄洲妈祖祖庙建筑雄伟、规模庞大，妈祖灵验，护佑四方。每年从世界各地不远万里奔向妈祖圣地焚香膜拜的人络绎不绝，使这里成为不折不扣的祈福圣地。

（湄洲妈祖祖庙／文　林春盛／图）

◆ 妈祖石像

宝山寺大殿之双圣享堂

年　　代：元

级　　别：全国重点文物保护单位

地　　址：南平市顺昌县大干镇土垅村上湖自然村

◆ 齐天大圣和通天大圣牌位

宝山双圣享堂古称宝山上庵通天堂，现为大圣祖庙。据分析，双圣享堂至迟为明洪武二十四年（1391）之前建筑。

福建山多林密，自古就是猴类的理想家园。远古人类在恶劣的自然环境中生存，为了能够与自然和谐共生，形成了崇猴习俗，这种习俗逐渐演变为福建独具特色的大圣文化。顺昌因有着丰富的大圣文化历史实物遗存和传承有序的民间活动，被海内外大圣信众奉为祖地，祖地顺昌、祖山宝山、祖庙双圣享堂、祖身圣祖峰被尊为大圣文化“四祖”，蜚声海内外，闽台“山尊大圣、海祭妈祖”的民间信俗格局在顺昌找到了源头。宝山双圣享堂是福建与台湾广大民众的祈福之地，灵猴崇拜反映了人们对自然的敬畏和对智慧、勇气等品质的追求。

（顺昌县博物馆 / 文图）

樟湖蛇王庙

年　　代：明、清

级　　别：省级文物保护单位

地　　址：南平市延平区樟湖镇中坂街西南侧

◆蛇王庙神龛

闽越自古便有蛇图腾崇拜，而樟湖镇的崇蛇习俗保存之完好，作为崇蛇民俗活动轴心的蛇王庙地位之重，在闽江流域崇蛇文化圈中不得不说是一个奇迹。农历正月十五的灯会被樟湖人称为游蛇灯或者迎竹蛇，农历七月初七更有赛蛇神庙会在蛇王庙举办，已经成为樟湖镇最盛大的节日庆典。

蛇工庙不只是闽越古老蛇图腾崇拜的见证者，也是福建民间动物神灵信仰的承载者。蛇王庙俗称连公庙、福庆堂，便与闽江流域民间蛇神连公的传说有关。蛇王庙正殿供奉三尊蛇神像，为主祭神连公蛇神，以及配神菩萨七座。相传蛇神本姓连，为驱瘟祛病而献出生命，因此被当地人尊称为蛇王三兄弟，人们祭拜蛇神，以祈求风调雨顺、庄稼丰收。

（陈玉娟 / 文　朱伟文 / 图）

坂头花桥

年　　代：民国

级　　别：省级文物保护单位

地　　址：南平市政和县杨源乡坂头村

◆ 通天圣母神像

坂头花桥始建于明正德六年（1511），桥身长 38 米，宽 7.5 米，廊屋 13 间。闽北许多桥屋专门设神龛、佛座，供奉神灵，有的设在廊屋中迎水向，有的偏居廊屋一旁，坂头花桥就是一座典型的桥庙结合的廊桥，集道、佛、儒于一身，体现坂头人兼收并蓄的文化信仰。花桥地处洞宫山脉，洞宫山是道教圣地，坂头的道教文化也盛极一时，桥屋内迎水设 7 个神龛，两端共设 2 个神龛。桥北头神龛供奉通天圣母陈靖姑神像；桥南头神龛供奉的是花桥的建造者陈桓、陈文礼；桥正中主神龛供奉观音大士，左边是魏虞真仙，右边是许马将军，还有林公大王、福德正神、真武大帝、天王菩萨。各种神灵齐聚一桥，人们希望通过祭拜寻求神灵的庇佑，实现平安、富贵的愿望。

（吴代花 / 文图）

官庄天后宫

年　　代：清

级　　别：县级文物保护单位

地　　址：龙岩市上杭县官庄畲族乡福泉村

官庄天后宫坐落在汀江西岸，属庵观式建筑，始建于清道光初年，主建筑一厅二室，屋面有飞檐翘角，气势恢宏。官庄天后宫是奉祀妈祖的庙宇，妈祖善良仁慈，守护着海上及江河渔业和航运的安全。古时候，村民们常常在此祈福，希望妈祖显灵，保佑出海平安顺利、身体安康无病、子孙幸福成长、大地免于洪涝灾害。妈祖信俗是海内外华人文化认同的重要纽带，承载着广大信众对于家国蓬勃向上、生活安稳顺遂的无限期待。

（官庄畲族乡人民政府 / 文 钟增欣 / 图）

妈祖神像

汀州如意宫

年　　代：清

级　　别：省级文物保护单位

地　　址：龙岩市长汀县汀州镇水东街人民巷 9 号

◆ 财神赵公明像

汀州如意宫坐东向西，砖木结构，由主落如意宫和北落仙隐观组成。人们相信，在汀州如意宫财神殿朝拜，能收尽东西南北中五方之财宝，并能收获好运气。

汀州如意宫是宋代以来汀州府治繁荣的见证，其供奉的赵公明财神、文昌帝君、斗姆元君等神明在汀州府历史悠久，有庞大的信众基础，是道教与汀州民间信仰的重要组成部分。为传承千年古庙历史习俗，这里每年都会举行丰富多彩的庆典活动。信众筹办法会，进行香火祭拜，祈求天尊护佑，希望实现灾消病除、财源广进的心愿。

（陈俊亚、黎海云 / 文图）

古田临水宫

年　　代：明至清

级　　别：全国重点文物保护单位

地　　址：宁德市古田县大桥镇洋中村

古田临水宫始建于唐贞元八年（792），建筑群依山而立，坐北朝南。古田临水宫是海内外信众崇祀妇幼保护神陈靖姑的祖庙，主殿供奉着相传以陈靖姑真身所塑神像。作为受过皇封敕赐的颇具道教色彩的地方宫殿，古田临水宫建筑材质以木架构为主，以斗拱为特色，充分体现了中国古建筑的建造风格。

“敕赐临水宫”匾额

古田临水宫屋面雕饰

独特的结构特征和美学内涵以精细的石雕工艺体现于正殿内四面雕刻的柱础中，以精美的灰塑工艺出现在墙头、屋面上，以历经百年风雨却依旧栩栩如生的壁画出现在墙面上，形制各不相同的藻井、花板、挂落、门板、花窗等木作随处可见……古田临水宫组群建筑是道教文化与陈靖姑信俗文化的艺术化表达。

古田临水宫自建成以来就是远近闻名的祈福圣地。临水宫的信仰习俗已融入许多人的社会生活中，贯穿于节日时令与人生礼仪等方面。在陈靖姑信俗盛行的区域内，特别是闽东、闽中、闽北、浙南和台湾一带，历史上一直流传着到古田临水祖庙请香接火的传统，祈愿护胎救产、保赤佑童、禳灾纳福。

（古田县临水宫管理委员会／文图）

古田临水宫藻井

谋 Móu 福 Fú

不可移动文物里的福

赵家堡

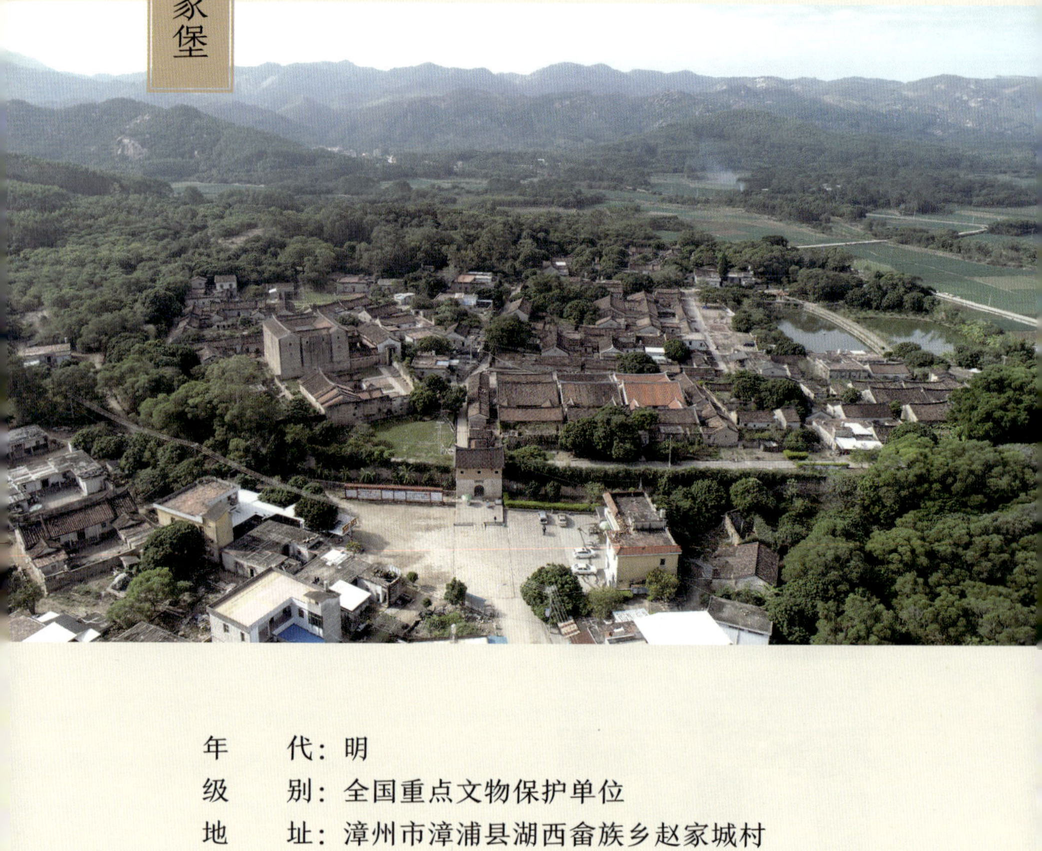

年　　代：明

级　　别：全国重点文物保护单位

地　　址：漳州市漳浦县湖西畲族乡赵家城村

赵家堡完璧楼正面

赵家堡由赵宋王族闽冲郡王赵若和的后裔于明万历二十八年（1600）始建，分内外城，东门匾刻“东方钜障”，点明了其作为城池的基本功能和建城的主要目的。内城周长220米，建有主楼完璧楼，取“完璧归赵”这一典故，反映了城堡主人对家族复兴的愿望。青石楼匾作行书，“璧”字的“辛”字旁刻意突出，占了全字的一大半，体现家族寄居他乡的艰辛历程。外城周长1 082米，城内建4组同式五进府第、6座同式堂屋，并有武庙、佛庙、石塔、禹庙、石坊等。城北侧辟有内外荷花池，上建汴派桥，并利用自然山石形成园林区。整个建筑群“处处乃沿汴京之旧”，流露出对先祖帝业的思慕之情，同时充分考虑各种层次人们的生活需求，形成一个独立的小社会，使得赵氏子孙能够在此聚族而居，历400年而不衰。

（王明月 / 文　漳浦县博物馆 / 图）

黄道周讲学处

年　　代：明清

级　　别：全国重点文物保护单位

地　　址：漳州市漳浦县绥安镇龙湖大道东 78 号

◆ 黄道周讲学处天方盘

黄道周讲学处始建于明万历三十七年（1609），是黄道周25岁时从东山迁居漳浦后居住、讲学著述的地方。讲学处占地1 058平方米，正南朝向，主建筑沿中轴线依次为门厅、天井、庑廊、正堂，天井正中置一石盘，称天方盘，是黄道周研究天象、演释易经和讲授天文学时用的教学石案。天方盘高40厘米，盘面由14块石板构成由内向外4组正方形，边长3.78米。天方盘分天盘和地盘，天盘由8个同心圆组成，地盘平面呈方形，每边分为128等份，纵横形成10 000多个小方格，每个方格边长约2.9厘米。以圆圈表示天、方格表示地，正所谓“天圆地方”，符合中国古代传统的世界观以及宇宙和谐统一的意境美。天方盘被认为是中国易经史上的重要史迹，黄道周曾有著述讲解如何使用，后来失传，使得天方盘的推演、运算成为一个奥秘，300多年来吸引了大量的专家学者前来参观、研究。

（王明月 / 文　漳浦县博物馆 / 图）

和贵楼

年　　代：清

级　　别：全国重点文物保护单位

地　　址：漳州市南靖县梅林镇璞山村

和贵楼建于清雍正十年（1732），坐西向东，占地面积 1 947.3 平方米，高 17.95 米，是福建土楼中最高的方楼，2008 年 7 月被列入《世界遗产名录》。和贵楼墙体是用泥土夯筑而成，底层墙厚 1.4 米，往上逐层收缩，土墙高厚比达到 13 ∶ 1，具有很高的建筑研究价值。楼中有一座私塾，形成“厝包楼、楼包厝”的独特平面布局。内院两口水井近在咫尺，水质却截然不同，人称“阴阳井”。和贵楼建在 3 000 平方米的沼泽地上，犹似陆上方舟，如今已安然度过 290 多个春秋。楼名“和贵”取义“以和为贵”，诠释着土楼人和气是福的价值取向。

（南靖县文物保护中心 / 文　刘松榕 / 图）

和贵楼内景

德远堂

年　　代：清

级　　别：全国重点文物保护单位

地　　址：漳州市南靖县书洋镇塔下村

张氏家庙德远堂建于明朝后期，坐北朝南，背靠青山，面向溪流，堂前是一方半月形的池塘。殿内装饰雕龙画凤，富丽堂皇，有喜鹊梅花寓意“喜上眉梢”，凤凰牡丹彰显富贵吉祥，双狮跳跃象征飞黄腾达。殿外耸立着 24 支高 10 米的石龙旗杆，杆柱浮雕蟠龙，腾云驾雾，作势欲飞，是为考中举人、进士等学衔的族人而立，激励后辈努力向上、追求幸福生活。德远堂是中国现存较完整的古代姓氏祠堂建筑之一，烙印着客家人对中原文化的坚守与承袭，为研究中原文化嬗变和汉族南迁史提供了佐证素材。

（南靖县文物保护中心 / 文　刘松榕、冯木波 / 图）

◆ 张氏家庙入口

◆ 殿内繁复的脊饰

◆ 细致入微、张力十足的八仙出游彩绘

隆教蓝氏家庙

年　　代：明、清

级　　别：省级文物保护单位

地　　址：漳州市龙海区隆教畲族乡红星村下社 159 号

◆ 蓝氏家庙内的“福”字匾

隆教蓝氏家庙始建于明洪武年间，清代三次重修，是漳州地区畲族蓝氏的肇基大宗祠，也是海内外蓝氏族亲共同奉祀的祖庙。建筑坐东北朝西南，主落由前厅、主堂和天井两边廊房组成，两侧各有一列护厝，前有祠埕。主堂为悬山顶燕尾脊式屋面、抬梁穿斗混合式构架，面阔三间，进深三间。相传蓝氏始祖为子向，战国时期被梁惠王封为蓝君，封地在蓝田，该地盛产玉，故而清代福建水师提督蓝理、金门总兵蓝瑗主持重建家庙时，改堂号为“种玉堂”，企盼家族多出贤德之辈。蓝氏是福建唯一拥有“五代一品”殊荣的家族，可谓人才辈出。蓝氏家庙“福”文化气息浓厚，主堂正中蓝氏先祖神龛上悬挂着“种玉堂”牌匾和清康熙四十五年（1706）御赐平台大将军蓝理的“福”字匾，前厅内悬挂着清雍正八年（1730）御赐广州总兵蓝凤的“福”字匾。

（翁得禄 / 文图）

富美宫

年　　代：清至民国

级　　别：省级文物保护单位

地　　址：泉州市鲤城区临江街道新桥社区万寿路 5 号

富美宫始建于明正德年间，原在富美渡头，清光绪七年（1881）移建今址。建筑坐北朝南，两进，由山门、两廊、拜亭和大殿组成。大殿面阔、进深各三间，硬山式屋顶，抬梁式木构架。富美宫虽然规模不大，但颇为堂皇壮观，山门和大殿装饰有精美的木雕、石雕。

富美宫奉祀泉郡王爷总摄司萧王爷。萧王爷本名萧望之，有“一代儒宗”之誉称，为官刚正不阿，后遭宦官迫害致死。汉元帝因追念其功勋与人品，每当岁时令节，即派遣使臣祭奠其陵墓。此后萧王爷渐渐被族人奉祀为赏善罚恶、除瘟驱疫、祛厄赐福的福神。在泉州，萧太傅信仰自富美宫发祥之后，英灵显赫，香火日盛，并伴随泉州先民闯荡海洋的步伐传至中国台湾地区和东南亚各地。

◆ 富美宫大殿

富美宫王船

“送王船”是泉州鲤城区民间信仰中一种包含中国传统文化内涵而又形式独特的传统风俗。“送王船”就是送王爷船出海，使王爷神威远披海表，以求碧海安澜，瘟疫不生，物富民安。泉郡富美宫“送王船”仪式一般在秋季举行。富美宫王船有别于普通的纸糊蔑纸船，是仿真木帆船，船舱、甲板、桅、帆、舵、橹、桨一应工具俱全。船上还备有航程中所需的柴、米、油、盐、酱、醋、糖、酒、烟、茶等。选择吉日良辰送王船出海，王船缓缓放入江中，在鼓乐和鞭炮声中，满帆受风，徐徐驶出晋江，萧王爷的神轿在江边徘徊送别。

不少富美宫王船会漂到台湾等地，当地居民将其抬起，并建宫庙奉祀富美宫萧王爷派出的王爷神，使之成为庇佑一方的神灵，也增强、丰富了海峡两岸的神缘和情缘。“送王船”民俗是沿海商贸社会祈福文化的典型代表，也是两岸乡亲之间重要的文化交流活动。台湾分灵宫庙把回泉州拜谒富美宫祖庙作为一种重要的祭祀安排，每次进香都遵循传统礼仪。

（鲤城区文化体育和旅游局／文　鲤城区文化体育和旅游局、许兆恺／图）

台湾省堑港富美宫参拜谒祖活动

圣泉宫

年　　代：清

级　　别：省级文物保护单位

地　　址：莆田市仙游县鲤南镇圣泉村

圣泉宫主祀法主仙妃（百姓呼“圣泉妈”），相传她于唐昭宗乾宁年间云游来此，勘察地质，挖出三井七泉眼，灌溉附近七村万亩田地，民感其德，建圣泉宫供奉。宋、明、清历次重修，1980年再次修缮并红漆贴金。单进廊院式建筑，由前殿、天井、庑廊、正殿和左右宫房沿中轴线组成。宫前尚存圣泉妈手挖宋井一口，宫内存古匾、签句牌等文物。祖殿堂前，仙妃法创的古井深6米，直径1米，四周用唐砖宋石砌筑，坚固古雅，井中泉水清澈透明，甘甜可口，祛热解暑，有“飞蝶甦命”之誉。宫右侧还有仙妃祭法引泉的井亭边井、庐陂桥下井、大龙井等七井泉脉，依然福泽万民。圣泉长流不息，法主仙妃信仰源远流长，各地分灵宫庙达600多座，信众100多万，遍布莆田、泉州、台湾、香港等地及马来西亚、美国等国家。每年世界各地信众前往圣泉祖殿谒祖进香、交流联谊等活动持续不断。

（仙游县文化体育和旅游局 / 文图）

◆“法雨均沾”匾额

◆仙妃法创古井

承启楼

年　　代：明至清
级　　别：全国重点文物保护单位
地　　址：龙岩市永定区高头镇高北村

据族谱记载，承启楼始建于明崇祯年间，后依次建造第二、三、四环，清康熙四十八年（1709）落成。2008 年 7 月列入《世界遗产名录》。承启楼坐北向南，占地面积 5 376 平方米，是已知环数最多、规模最大的客家圆楼，鼎盛时期曾居住 800 余人，现仍居住 300 余人。外环为主楼，高四层，一、二层不开窗，分别为厨房和粮仓，三、四层为卧室，设内通廊；二环高两层，楼下为客厅或饭厅，楼上为卧室；三环单层，为子女读书的私塾；四环为祖堂，单层，比三环稍低。总体形成外高内低、逐环递减的建筑格局，俯瞰就是一个四圈同心环，家族团圆和睦的愿望由此可见一斑。

◆ 承启楼环状结构

◆ 承启楼里的描金祝寿屏风

◆ 福地福人居

正面大门除了在门楣上镌刻楼名外，两边镌刻楹联：“承前祖德勤和俭，启后孙谋读与耕。”二环正厅两侧石柱上镌刻警示子孙后代的楹联：“承先祖嫡传派衍无多何必大分尔我，启后裔良训同居相见最好重法人伦。”在中国传统文化中，上至帝王将相，下到平民百姓，都不能免俗地渴望家庭和睦、福寿双全，土楼人家也不例外。每逢重大节日，承启楼祖堂陈设十六世祖江馨轩七十一岁寿辰时的祝寿屏风，精雕细刻，金碧辉煌，古事人物栩栩如生。其中最引人注目的是正面下半部分的“二十四孝图”，取材于中国古代孝子故事，工笔细腻，形象逼真，寓意深刻，充分体现了土楼客家人敬祖睦宗、孝顺父母的传统美德。

（龙岩市文物局 / 文　陈军、冯木波、王福平、胡家新 / 图）

古田会议会址

年　　代：1929 年

级　　别：全国重点文物保护单位

地　　址：龙岩市上杭县古田镇古田路 85 号

古田会议会址原为廖氏宗祠，又名万源祠，建筑内外处处蕴含着丰富的“福”文化。

会址外墙左右两边分别镶嵌着“福”和“囍”窗花，形象生动，“福”字的右半边嵌着“古田”二字，寓意着福在古田、古田有福；“囍”字则为“上吉下古”，寓意古田吉祥、吉祥古田。中门两边镂空窗花呈左右对称，分别雕刻“福”“禄”“寿”“禧”字样，字体周边皆与夔龙纹样相结合，充满直观意境与艺术美感。

古田会议会址是一座清代宗祠，含有丰富的木雕、砖雕、石雕。三种雕刻以谐音寓意，刻有植物、动物等各种吉祥纹样，将吉祥语言和艺术形式完美地融合为一体，寄托人们对美好生活的向往。

◆ 会址外墙的“福”“囍”窗花

◆ 会址中门两边的镂空窗花

◆ 会址下堂倭角脊屏灰塑：喜上眉梢

◆ 会址外门檐下彩绘：缠枝牡丹

出现比较多的植物纹样是牡丹、莲花、竹、梅花、葫芦、松树、兰花、菊花等。如会址大门的斗拱上刻有“凤穿牡丹”纹样，寓意吉祥富贵、夫妻和睦；正厅的横梁上刻有荷花，寓意和为贵，代表清正、出淤泥而不染；竹子与松树、梅花组合，世人谓之“岁寒三友”；花瓶图案寓意平安，插上牡丹寓意平安富贵，插上三枝戟并配上芦笙寓意“连升三级”；如意图案寓意事事如意。

会址建筑上还有大量的动物纹样，包括龙、凤、麒麟、狮、鱼、喜鹊、蝙蝠、鹤、鹿等。例如砖雕上有鹿鹤图案，寓意六合同春；鹿与蝙蝠组合寓意福禄双全；喜鹊和梅花寓意喜上眉梢；葫芦与“福禄”应和，寓意福禄降临；“百鸟朝凤”图寓意对太平盛世的期盼；墙裙刻有“鲤鱼跳龙门”图，寓意金榜题名。

◆ 会址墙壁上的彩绘

古田会议会址墙壁上有大量的彩绘，大多是人物和山水风景，通常与历史人物或典故相结合，画得栩栩如生，虽历经百年，仍清晰可辨。如渔樵耕读、携琴访友等代表山水人家的人文环境，还有八种法器——葫芦、团扇、宝剑、莲花、花篮、鱼鼓、横笛、阴阳板等，有暗八仙之说，也叫“道家八宝”，代表吉祥之意。这些彩绘既能带来视觉上的可见之景，也有情感上的意境，展现出丰富的文化内涵与较高的艺术成就。

会址大门阴刻内联：“万福攸同祥绵世综，原泉有本派衍叉溪。”“万福攸同”有万福齐聚之意；“祥绵”指祥瑞之气代代相传；“世综”是廖氏后人引以为豪的堂号，成为幸福美满生活的代名词；“原泉有本”是追根溯源的意思。这副楹联意为：希望所有的幸福都齐聚于此，让廖氏族人世世代代吉祥绵延；万事万物都是有本有源的，追根溯源这里的廖氏源于顺昌叉溪（今槎溪）这个地方。

古田会议会址蕴含丰富的“福”文化，象征着人民群众的福祉与希望。因其独特的历史意义，红色文化与“福”文化宛如两颗璀璨的明珠，交相辉映，其闪耀的光辉和绽放的光芒永远不会因时间的流逝而黯淡。

（黄光礼 / 文图）

◆ 会址大门楹联

毛泽东才溪乡调查旧址群

年　　代：1933 年

级　　别：全国重点文物保护单位

地　　址：龙岩市上杭县才溪镇下才村

◆ 才溪区工会旧址（列宁堂）

毛泽东才溪乡调查旧址群四处旧址点由南而北沿才溪两岸分布，包括才溪区苏维埃政府旧址、才溪区工会旧址（又名列宁堂）、光荣亭、列宁台。前两者原为1920年当地居民王氏所建宅居，后用作苏维埃政府和才溪区工会办公场所。1933年11月毛泽东第三次到才溪进行社会调查时，于这两地分别召开区委书记、区苏主席及各部部长会议和工人代表、贫农代表及耕田队长等调查会。光荣亭原建于1933年，是一座土木结构、仿欧式的朱红色拱门式纪念亭，遭损毁后于1955年复建。1956年春，毛泽东主席到广州视察时，应才溪人民请求，欣然为其题写“光荣亭”三个字。列宁台属砖木结构、仿欧式建筑，是1930年才溪人民为纪念列宁诞生六十周年而建。

毛泽东才溪乡调查旧址群是有“福”的建筑。首先，才溪区苏维埃政府旧址、才溪区工会旧址作为典型的客家民居，建筑本身“福”文化元素丰富，窗户上的飞龙、雌虎图案饱含着房屋主人祈福、惜福的朴素思想；半月池、天井院落不仅实现了出水的建筑功能，也体现了客家先民积财储宝的美好愿望。其次，毛泽东才溪乡调查旧址群是重要的革命纪念类建筑，不仅展示着才溪作为中央苏区模范区、模范乡的历史荣光，也镌刻着一代伟人毛泽东在才溪开展革命实践的光辉足迹，其蕴含的深入基层、联系群众、调查研究、实事求是精神内涵永远是中国共产党宝贵的精神财富。

（蓝茶金、郭薇／文图）

光荣亭

旧址群内建筑细节

福字楼

年　　代：清

级　　别：省级文物保护单位

地　　址：南平市光泽县崇仁村崇仁古街

◆ 福字楼梁上雕刻

福字楼是最早在光泽县崇仁古街开埠定居的龚氏后裔的民宅，相传宅名是一位四方云游的高僧所赐。楼门前为北溪，按照风水学来说，左为来水右为去水，宜开左门来牵引收纳财气，故而福字楼大门没有开在正中，而是开在左侧。建筑坐西朝东，由停轿厅、门厅、天井、正厅、后厅、厢房及厨房等组成。正厅规模宏伟，空间高敞，是明末清初大规模建筑的典型手法。后厅围绕天井设东、西、南、北四厅，均面阔三间，被称为“十字厅”。屋内装饰精美，柱础雕刻题材丰富、造型多样，柱础与木柱之间的柱槓也雕刻莲花瓣水波纹形，梁上雕刻有对称的麒麟与凤凰。麒麟是中国民间传统瑞兽，主太平，能带来丰年、福禄、长寿；凤凰是百鸟之王，也是传统文化中的图腾，主吉祥富贵，寓意屋内琴瑟和鸣、人丁兴旺。其他木构，如穿枋、梁伏、斗拱、雀替等，都雕刻有精美绝伦的图案。

据说房子建好、龚氏家族入住后，劳动生产、读书经商、嫁娶生育都顺风顺水，最令人惊叹的是人丁兴旺，在不长的时间里，就在门前三里长的街道上先后修建了五座龚氏宗祠。如今，龚氏后人已有一千多人口，“福字楼里福味浓，福字楼里人丁旺”因此传为佳话。

（沈少华 / 文图）

漈下建筑群

年　　代：清

级　　别：全国重点文物保护单位

地　　址：宁德市屏南县甘棠乡漈下村

溹下建筑群所在地溹下村是福建历史名人、清代戍台名将甘国宝的祖居地，建筑群包括龙山公祠、云路门、迎仙桥、龙溹仙宫、峙国亭、飞来庙、聚宝桥和甘氏支祠。

◆ 溹下建筑群“溹水安澜”城门楼（云路门）、飞来庙、聚宝桥

◆ 乾隆皇帝御书“福”字匾

甘国宝因戍边卫国所任有功、所治惠民，尤其是保卫、建设台湾作出的杰出贡献，获乾隆皇帝钦赐御书“福”字，遂将其制成数方匾额，分别悬挂于府第、宗祠及旧居等处，以彰显皇恩、激励后人。其中一方“福”字匾就悬挂在漈下村龙山公祠积春堂。龙山公祠建于清嘉庆年间，坐东朝西，为土木建筑。甘氏族人每年举办祭祠活动，都将瞻仰、叩拜“福”字匾作为祭典的重要流程，使得甘国宝为国为民造福的传统家风代代相传。时代变迁，从文物安全角度考虑，“福”字匾现由在任的漈下村村委会主任负责保管。每当新老主任交接，最重要的仪式之一就是传承“福”字匾保管的职责，谓之“传福”，这也是带领村民创造幸福生活责任的传承。

龙漈仙宫也是漈下建筑群中饱含“福”文化元素的场所，其主体建筑由前面的门房、天井、两侧厢房和后部的大殿组成。大殿平面为横向的长方形，面阔五间，进深六间，屋面重檐，以四金柱、面立柱和中心雷公柱构建出完整的圆形屋网结构，挑檐斗栱、椽条、屋瓦等均从内向外呈放射状伸展，形成外观独特的圆穹隆顶上檐屋面，取义“天圆地方”。大殿正中悬挂的“方壶圆峤”匾正是这种建筑形式的贴切说明，与北京天坛之构思有着异曲同工之妙。大殿的天花板及四壁隔板等处均留有清代所绘彩画，其中天花板图案为双凤朝阳，隔板图案为福禄寿人物故事等。每逢农历六月，漈下村村民会在龙漈仙宫开展盛大的祈福活动，已成为其生活中不可分割的一部分。

（吴善田、甘信先、甘湖柳 / 文　屏南县文物保护中心、邱仰左 / 图）

◆ 漈下建筑群龙漈仙宫

惜福 Xī Fú

不可移动文物里的福

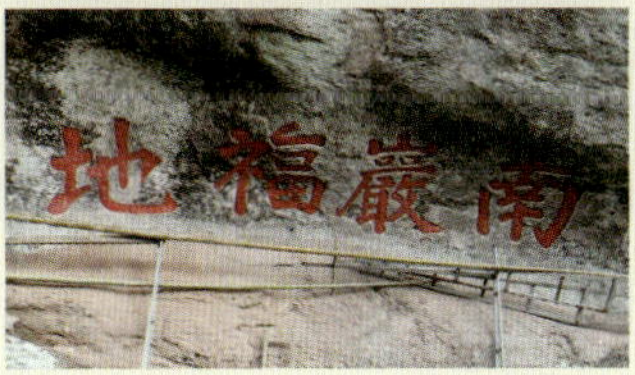

鼓山摩崖石刻

年　　代：宋至近代

级　　别：全国重点文物保护单位（部分）

地　　址：福州市晋安区鼓山镇鼓山风景名胜区

鼓山是历史悠久的文化名山，宋代以来，不少仕宦游人登临游玩，触景生情，题字留念，或赞颂鼓山之美、企盼福寿双全，或怀古咏今、寄托抱负，或抒发忧国之情、家园之思，或阐释道家微言、佛教经义。鼓山摩崖石刻主要分布在鼓山屴崱峰（绝顶峰）、灵源洞、白云洞、达摩十八景、舍利窟等地以及古道石阶边。现存自宋代迄今576段石刻，其中宋刻89段、元刻11段、明刻32段，清以后以及年代不详的石刻若干，被誉为“东南碑林”。这些石刻参差错落，紧密相连，内容丰富，形式多样，篆、隶、行、草、楷等字体齐全。著名题刻有蔡襄、李纲、朱熹、赵汝愚等人手书真迹。最早的题刻镌刻于喝水岩，是北宋庆历年间蔡襄等人的纪游题刻。最大榜书“寿”字高4米，刻于南宋。2023年，鼓山蔡襄游鼓山题刻、蔡襄“忘归石”题刻、南宋李纲题刻、南宋“寿”题刻、施元长“喝水岩”题刻等5段题刻入选国家文物局公布的《第一批古代名碑名刻文物名录》。

（陈毓彪 / 文　林振寿 / 图）

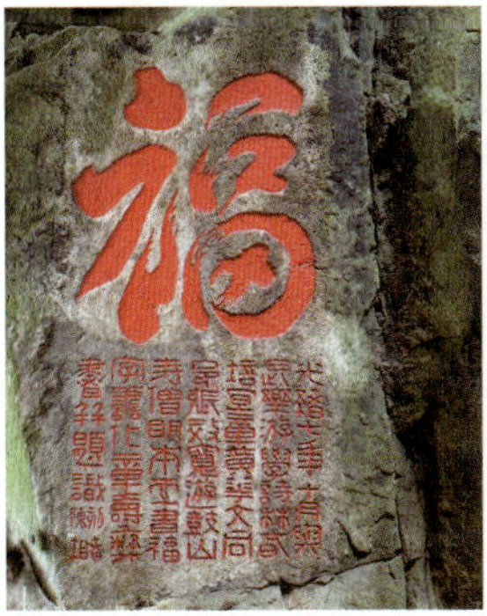

◆ 清代章寿彝“福”题刻

◆ 清代林开斌“福寿”题刻

瑞岩弥勒造像

年　　代：元

级　　别：全国重点文物保护单位

地　　址：福州市福清市海口镇牛宅村瑞岩山前岩

瑞岩弥勒造像始于元至正元年（1341），由福清人吕伯恭等人鸠工，依岩石自然形态雕凿，前后历时 27 年。明代曾有瑞岩寺僧及有心人先后募缘建阁，清代圮毁，现仅存石柱 10 根，石碑 4 通，一通为明万历十一年（1583）重建弥勒阁时所刻，一通为民国仙游人林秉周出资立铁栏时所刻，其余两块碑面风化，字迹模糊不清。

弥勒造像高 9 米，宽 8.9 米，厚 8 米，造型准确，线条流畅，神态逼真，镌工精巧，为元代石雕艺术的佳作。但见他足着草履，身披袈裟，盘腿打坐，右手捻珠，右臂垂腹，两眼平视，双耳垂肩，笑容可掬，怀中和腿上还有 3 尊小和尚，其中一尊只露出头部和手部，生动可爱。弥勒佛是中国民间普遍信奉、广为流传的一尊佛，也叫未来佛。此佛常怀慈悲之心，“大肚能容，容天下难容之事；开口便笑，笑世间可笑之人”，提醒世人要有包容之心，是为“量大福大”。

（陈毓彪 / 文　林振寿 / 图）

造像细节

姬岩寺

年　　代：明

级　　别：省级文物保护单位

地　　址：福州市永泰县白云乡白云村姬岩风景区

姬岩寺始建于北宋政和元年(1111)，南宋淳祐年间扩地重建。明成化七年（1471）寺僧道力在此祈雨，积薪自焚，寺庙被烧毁，明万历八年（1580）重修，清乾隆五十年(1785) 第三次重修。寺内现有正殿禅房、藏经阁、香积堂、仙召府和梦亭等建筑，是附近乡民的祈福之地。寺周围有朱熹、黄任、曹学佺等文人墨客留下的摩崖石刻，其中“福”字为明末书法家黄椿山题留，字迹圆润，笔锋强劲。

姬岩相传为闽王王审知姬子葬处，故名。又传说有仙人炼丹于此，丹成，白鸡飞来守卫，故别名鸡岩，天门附近有明代碑刻“古鸡岩”。姬岩景点众多。以“仙”字命名的就有仙宫殿、仙灶、仙被、仙床、仙库、仙舟、仙人桃等，显示出古人对得道飞升、永享仙福的向往。

（陈毓彪 / 文　林振寿 / 图）

“古鸡岩”碑刻

黄椿山“福”字题刻

仙字潭摩崖石刻

年　　代：新石器时代至周

级　　别：全国重点文物保护单位

地　　址：漳州市华安县沙建镇西坑社区

漳州华安沙建镇境内九龙江北溪支流汰溪中游北岸的临潭崖壁上，散布着几组古怪苍老、似字又有别于传统观念上的文字、似画又过于抽象变形的文化符号。除“营头至九龙山南安县界”一方为汉字外，其他符号人莫能识，故而流传着“天书”“仙字”的说法，仙字潭亦由此得名。后在距原石刻 227 米处的临溪东岸岩壁上又有新发现，从而使仙字潭的研究内容与范围得到扩大。

历史上最早尝试对仙字潭石刻释读的是韩愈。他释读为“诏还黑视之鲤鱼天公畀杀人牛壬癸神书急急”的 19 个字，被称作“天公责蛟螭说”。与韩愈同时代的李协则提出“漳泉两州，分地太平，永安龙溪，山高气清，千年不惑，万古作程”的 24 字“地界说”。

关于仙字潭石刻，目前存在着“字”说与“画”说两大学派。“文字说”学者认为它们是文字的雏形，基本具备文字功能，至少也是图画文字。“图画说”学者认为它们是夸张、浓缩、符号化了的原始图画，表现了某种功利目的，很有可能就是祈福和纪事。

（黄江勇 / 文　华安县文物保护中心 / 图）

2004 年 10 月 18 日新发现的两个五组十图岩画

真武庙

年　　代：宋至元

级　　别：全国重点文物保护单位

地　　址：泉州市丰泽区通港西街 301 号

宋元时期，泉州海外贸易兴盛，法石港内通州城，外扼海道，成为外贸船舶停靠点和祭祀海神的重要场所。真武庙始建于北宋乾德五年（967）至开宝六年（973）间，就在法石港石头山依山势而筑，多有修缮，沿用至今。建筑群坐东朝西，现存山门、石阶、凉亭、真武大殿。真武庙是祭祀道教尊神真武大帝的庙宇，宋元以来真武大帝被视作可保海定波宁的海神，此庙亦发展为海神庙，是宋代泉州郡守祭海的场所。庙内台地有岩石状如龟蛇，是真武大帝的象征，其上有明嘉靖十二年（1533）晋江知县韩岳所立“吞海”碑，寓意真武大帝法力无边，可吞纳大海，保佑航海平安。真武信仰至今仍为当地社区居民所崇奉，并远播中国台湾、香港地区和东南亚等地。每年农历正月廿九日，当地村民都会到真武庙举行祭海祈福仪式。

（黄明珍 / 文　泉州市文物局 / 图）

◆ 真武庙“吞海”碑

◆ 真武庙山门的石狮和青龙剪瓷雕

清源山摩崖石刻

年　　代：唐至近代

级　　别：省级文物保护单位

地　　址：泉州市丰泽区清源山风景名胜区

◆ 比丘界泉“福”字石刻

◆ 黄宗汉“福”字石刻

清源山摩崖石刻是泉州乃至福建省分布范围面积最大、内容和形式最丰富的摩崖石刻，真实记录历史风貌，弥补了史书方志的缺失，具有重要的历史、艺术和科学价值。这些石刻分布广泛、字体多样，内容以唐至清五个朝代的历史文化名人在这里留下的诗词题刻为主，元代偰玉立、蒲寿晟，明代何乔远、俞大猷、叶向高，清代施琅、黄宗汉等均在此留下印记。其中最大的单体摩崖石刻是碧霄岩南宋晋江县令林爽镌题的“寿”字，最壮观的是赐恩岩清代武状元马负书题刻的“鸢飞鱼跃”。还有两方“福”字石刻生动呈现古人对福的追求与珍视，一方为楷书，镌于弥陀岩放生池畔、上弥陀岩造像石室磴道入口的岩壁间，署“咸丰丁巳秋，比丘界泉”，另一方为行书，镌于赐恩岩“鸢飞鱼跃”题刻右下方的岩石上，上下款署“咸丰二年十二月十三日，赐浙江巡抚黄宗汉，臣黄宗汉勒石”。

（肖一凡／文　清源山风景名胜区管理委员会、肖一凡／图）

南岩福地

年　　代：清

级　　别：县级文物保护单位

地　　址：三明市泰宁县杉城镇南会村熊家栋南寨山山麓

◆“南岩福地”摩崖石刻

南岩福地为一处清代摩崖石刻所在，坐西南朝东北。“南岩福地”四字阴刻于岩穴内，横向排列，楷书，形体方正，笔画刚劲利落，线条疏朗流畅，文风笔意与周边环境相得益彰。边上落款小字因所在岩体风化剥落，辨识不清。泰宁碧水丹山，钟灵毓秀，丹霞洞穴和岩槽数量众多，因而被称为“天然岩洞博物馆”，其中有人类活动及历史记载的72个，当地人称“七十二洞”，南岩福地为其中一洞。在道家的思想体系里，“福地”即得福之地，山形水势、天地之气皆利于修身祈福。南岩福地背靠南寨山，岩穴前南溪、帐干、大坪等河流交汇，向金湖流入；岩穴崖壁间有狭小古道穿山而过；山上植被茂密，丛林中有白鹇、山鹿等珍稀鸟兽栖息，犹如桃花源。古人就曾在此设坛祭祀，祈求来年风调雨顺、国泰民安，现在也有居民逢年过节到此祈福许愿，期盼自己和家人平安顺遂，事事如意。

（江雯／文图）

五福桥

年　　代：清

级　　别：县级文物保护单位

地　　址：南平市松溪县渭田镇渭田村西侧

◆ 五福桥南门对联

◆ 五福桥内亭

五福桥始建于明永乐九年（1411），清咸丰八年（1858）毁于兵火，光绪二十九年（1903）重建。桥身呈南北走向，为五孔木伸臂梁廊屋桥。桥正中段抬高做桥亭，重檐歇山顶，内置八角藻井。松溪县地处闽北山区，境内重峦叠嶂，溪流纵横，桥梁是横跨溪河山谷的一种交通设施。县内现存37座古廊桥，其中最壮观、最有特色的就是五福桥。桥南门两侧的对联，“安澜成砥柱，利济胜舟舆”，也非常艺术地表现了五福桥在当时当地的重要作用。五福桥内亭阁栋梁之间的枋板上有近700幅栩栩如生的彩绘，绘于1984年，有《三国演义》《水浒传》等名著演绎，也有《东周列国志》《八仙过海》等历史故事和民间传说，还有开国大典上毛主席站在天安门城楼庄严宣告的画面。“五福”一词出自《书经》，具体包括长寿、富贵、康宁、好德、善终。五福桥虽不言语，但作为历史的见证，始终默默注视着盛世丰年中一切生机勃勃的变化，为山川添色，为后代造福。

（游丽 / 文图）

白鹤岭福温古道

年　　代：南宋至清

级　　别：全国重点文物保护单位

地　　址：宁德市蕉城区蕉北街道继光社区，蕉南街道中南社区，城南镇岭头村、叶厝村、田中村、湾亭村白鹤岭福温古道由时任宁德县主簿的丁大全于南宋宝庆年间主持修建，历代多次修缮，是古时宁德北往江浙、南达省城福州，古代福建与江浙通衢往来的重要陆路通道。古道起于宁德旧县西门，通往罗源，蕉城区境内现存相互连续的 4 段，全长 4 939 米，宽 2 ～ 3 米，均由石磴层层垒砌而成。沿途人文景观丰富，尚存摩崖石刻、碑刻 19 处，古桥 2 座，古亭遗址 4 处，以及鹤岭寨、岭头隘门烽火台、界首关、界首烽火台等遗迹。依据旧志，“白鹤”二字源自宁德主山形胜，有“鹤飞鸾翥”之状。鹤在中国古代文化中不仅是吉祥长寿的象征，也可代表官员德才兼备、洁身自好。古时跋涉于白鹤岭古道的官宦士子，见峰峦叠嶂、海色际天，胸中自然迸发澎湃之情，留下“仰观俯察”“俯视一切”等豪言壮语，又有“沧海一粟”“天青海晏”“山宁海晏”等感慨或祈福之语。

（何菲 / 文　钟荣富、林灿鑫 / 图）

◆“山宁海晏”“俯视一切”摩崖石刻

图书在版编目（CIP）数据

福建文物里的“福”文化 / 傅柒生主编 . 福州：福建人民出版社，2024. 12 --ISBN 978-7-211-09698-5

Ⅰ . G127.57

中国国家版本馆 CIP 数据核字第 2024ES1498 号

福建文物里的“福”文化
FUJIAN WENWU LI DE FU WENHUA

主　　编：傅柒生
策划编辑：孙　颖
责任编辑：周跃进　李雯婷
助理编辑：林冰慧
美术编辑：白　玫
责任校对：李雪莹
出版发行：福建人民出版社　　电　　话：0591-87604366（发行部）
网　　址：http://www.fjpph.com　　电子邮箱：fjpph7211@126.com
地　　址：福州市东水路 76 号　　邮　　编：350001
经　　销：福建新华发行（集团）有限责任公司
印　　刷：福州德安彩色印刷有限公司
地　　址：福州市金山工业区浦上 B 区 42 幢
开　　本：890 毫米 ×1240 毫米　1/32
印　　张：16.5
字　　数：329 千字
版　　次：2024 年 12 月第 1 版
印　　次：2024 年 12 月第 1 次印刷
书　　号：ISBN 978-7-211-09698-5
定　　价：128.00 元（共两册）